# 小さな企業の大きな物語

## ―もうひとつのエコシステム論―

寺岡　寛

Teraoka Hiroshi

信山社
SHINZANSHA

# はしがき

「人は道具を使う動物（tool-using animal）である」。これは、英国の歴史家トーマス・カーライル（一七九五〜一八八一）の名言である。人は生きるために働く。他の動物と異なるのは、道具を手にして働く点にある。また、人は集団で働く。動物にも集団行動があるので、この点は人に特有ではない。集団は経済活動において、企業の組織形態をとることが多い。企業とは人の集団である。企業は人なりといわれる所以である。

経済学や経営学は、もっぱら企業を分析対象とする。企業は人なり、分析対象は人である。学問は対象のあり方に規定される。大きな企業を対象にする場合、対象は人なりとして、トップ層を分析対象にすればどうだろう。それだけでは、企業の行動や事業範囲を明らかにできない。集団で働く多くの人の塊を意識せざるを得ない。他方、小さな企業を対象とするには、大きな企業の場合よりは、トップの人となりを分析することが多くなる。

「小企業学」なるものがあれば、小さな組織の中の個々人、とりわけ経営者を深く分析することになる。小企業学は成立するのだろうか。おそらく、成立しがたい。理由の過半は、小企業学に独自の分析手法がないからだ。実際、企業分析は経済学や経営学などの応用分野である。経済学や経営学は、一定規模以上の企業群を暗黙裡に、分析対象としてきた。

問題は、小さな企業を経済学や経営学だけでとらえて済まされるのか、否かである。小さな企業では、家族だけが経営主体の場合もある。有給雇用者を抱える規模の場合には、その経営行動は経済学や経営学の対象となりえる。とはいえ、企業概念だけで、果たして小さい企業の実態をとらえたことになるのだろうか。

日本の法的定義では、小規模企業は製造業で二〇人以下、商業・サービス業では五人以下と、きわめて形式的である。製造業の場合、二〇人の企業と数人の企業は異なる。同様に、商業でも有給雇用者五人の商店と、夫婦二人の商店とは異なる。また、数十年まえと現在では、同じ小さな企業でも、生産能力や販売能力が、自動機器や情報機器の導入により異なる。今は、二〇人にも満たない機械加工などの町工場でも、コンピュータ制御付きの工作機械が並ぶ。治具や搬送機がロボット化されている。二四時間稼働も可能である。この種の町工場は、かつての一〇〇人を超える工場の生産力をはるかに凌駕する。人の汗と機械油の匂う工場はデジタル化し、その光景も変わった。結果、小さな企業でも大きな生産力を得ることができる。だが、話はプラス面だけではない。デジタル化は模倣を容易にさせる。デジタル化された加工データは、どこでも、いつでも、だれでも利用できる。そのことで、生産移転が簡単になった。今では、「職人の技能」という身体化された作業は、「顔の見える」工場＝小さな企業にとどまることになった。この種の工場は存続している。とはいえ、今後、デジタル化がさらに高次に進展すれば、身体化された非定型的な仕事が、どこまで残るのかはわからない。

他方、データ処理技術の進展で、町の小さな商店でも、大きな在庫を持たなくて済むようになった。販売データや顧客データを管理・分析するデジタル・ツールも活用できる。従業員を増やさなくとも売上高の維持は可能になった。とはいえ、デジタル・ツールを最大限利用するのは、大企業も同様である。世界的ネットワークを持つ大企業による、消費者の囲い込みも起こっている。町の小さな商店は大きな岐路に立つ。

本書は、前著『中小企業の経営社会学―もうひとつの中小企業論―』（信山社、二〇一八年）の後継本である。前著では、日本の中小企業の「いままで、いま、そしていまから」をコンパクトにまとめた。コンパクトにまとめた分、余熱が残った。これが本書へとつながった。前著で紙幅の関係で割愛したところを、今回は取り上げた。また、断片的であった小さな企業の栄枯盛衰物語にも配慮した。

いまやその信頼性が揺らぐ政府統計である。それによれば、中小企業数は日本全体で三八〇万あたりである。うち、前記の定義による小企業はおよそ三二五万、日本の事業体の八五％ほどである。そこで働く人たちの数は、一〇〇〇万人を優に超える。膨大な数を構成する小さな企業をすべて知る人など、どこにもおそらくいないだろう。ゆえに、わたしが深く知っている小さな企業の世界――もうひとつのビジネス・エコシステム――から、わたし自身の経済学的・経営学的・社会学的な創造力を最大限発揮するしかない。

エコシステム（ecosystem）とはビジネス・エコシステム＝ビジネス生態系のことである。情報通信産業の発展するなかで、動植物の生物系循環システムのように、いろいろな経済主体が情報通信技術の下でますますグローバル循環をもつようになってきた。生態系表現としてのエコシステムは、元来、環境空間に生息する生物や植物がお互いに依存しながら、自らの生命や生態を維持する仕組みである。現在の経済体制もグローバルに互いに依拠する度合いを高め、生物群の循環系――エコシステム――とパラレルな関係をもつようになった。従来の経済システムという表現よりも、より一層密度の高い経済循環関係を著す表現として日本でも使われる。

本来なら、一般的な生態系とは区別して、ビジネス・エコシステムとすべきところであるが、副題には長すぎるので単的にエコシステムとした。わたしの能力から小さな企業の世界をすべて描くことなどできない。蛮勇だが、わたしのいままでの蓄積で書くしかない。そこからなにがしかの真実を紡ぎ出していれば、著者望外の喜びである。

二〇一九年五月

寺岡　寛

# 目次

目　次

# 序　章　小さな企業の意味論

不当なる儲け主義を廃し、飽迄内容の充実、実質的な活動に重点を置き、徒に規模の大小を追はず

（東京通信工業株式会社設立趣意書抜粋）

自営業主になることは、僕がこれまでに下した最良のビジネス上の決断だった。

（デヴィッド・アイレー『デザイナーとして起業した（い）君へ—成功するためのアドバイス』ビー・エヌ・エヌ新社）

## 1　小さな企業の発生史論

現在では、ソニー株式会社は連結子会社が軽く一、〇〇〇社を超え、世界各地に事業所をもち、

電子機器などハード事業だけでなく、ありとあらゆるサービス事業を展開する巨大企業である。前身の東京通信工業は、敗戦後の混乱が続く昭和二一［一九四六］年に、井深大（一九〇八〜九七）と盛田昭夫（一九二一〜九九）たちによって、東京で産声を上げた。そのおよそ四か月まえに、井深は「東京通信工業株式会社趣意書」を練り上げた。若き日の井深たちは、「会社設立の目的」や「経営方針」の前文として、つぎのような文章を掲げた。

「戦時中、私が在任していた日本測定器株式会社において、私と共に新兵器の試作、製作に文字通り寝食を忘れて努力した技術者数名を中心に、真面目な実践力に富んでいる約二〇名の人たちが、終戦により日本測定器が解散すると同時に集まって、東京通信研究所という名称で、通信機器の研究・製作を開始した。（中略）……これらの人たちが真に人格的に結合し、堅き協同精神をもって、思う存分、技術・能力を発揮できるような状態に置くことができたら、たとえその人員はわずかで、その施設は乏しくとも、その運営はいかに楽しきものであり、その成果はいかに大であるかを考え、この理想を実現できる構想を種々心の中に描いてきた。（中略）

最初は、日本測定器から譲渡してもらったわずかな試験器と、材料部品と、小遣い程度のわずかな資金をもって、できるだけ小さな形態で何とか切り抜けていく計画を立てた。各人は、その規模がいかに小さくとも、その人的結合の緊密さと確固たる技術をもって行えば、いかなる荒波をも押し切れる自信と大きな希望を持って出発した。……われわれの心からなる試みが、かくも社会の広範な層に反響を呼び起し、発足より旬日（じゅんじつ）を経ずして新会社設立の気運に向ったことに対し、われわれは言い知れぬ感動を覚える。それは単にわが社の前に赫々（かっかく）たる発展飛躍を約束するばかりでなく、われわれの真摯なる理想が、再建日本の企業のあり方と、図らずも一致したことに対する大なる喜びからである。」

このあとに、井深たちは「経営方針」として七項目を挙げた。その第一項目は、序章の冒頭のものである。あとの六項目も紹介しておく（原文は仮名混じりであるが、ここでは現代表記にしている）。

一、経営規模としては、むしろ小なるを望み、大経営企業の大経営なるがために進み得ざる分野に、技術の進路と経営活動を期する。

一、極力製品の選択に努め、技術上の困難はむしろこれを歓迎、量の多少に関せず最も社会的に利用度の高い高級技術製品を対象とす。また、単に電気、機械等の形式的分類はさけ、その両者を統合せるが如き他社の追従を絶対に許さざる境地に独自なる製品化を行う。

一、技術界業界に多くの知己関係と、絶大なる信用を有する我が社の特長を最高度に活用。以て大資本に充分匹敵するに足る生産活動、販路の開拓、資材の獲得等を相互扶助的に行う。

一、従来の下請工場を独立自主的経営の方向へ指導・育成し、相互扶助の陣営の拡大強化を図る。

一、従業員は厳選されたる、かなり小員数をもって構成し、形式的職階制を避け、一切の秩序を実力本位、人格主義の上に置き個人の技能を最大限に発揮せしむ。

一、会社の余剰利益は、適切なる方法をもって全従業員に配分、また生活安定の道も実質的面より十分考慮・援助し、会社の仕事すなわち自己の仕事の観念を徹せしむ。

創業時、「徒に規模の大小を追はず」と念じ、「むしろ小なる」を望んだ東京通信工業は、その後、ソニーと名前を変え、世界的巨大企業となった。「下請工場を独立自主的経営の方向へ」の意識の下、トランジスターラジオの販路開拓で苦戦したが、米国側バイヤー・ブランドでの受注生産に「否」を突き付けた。自社ブランドへの井深や盛田なりのこだわりがあった。「技術上の困難はむしろこれを歓迎」し、従業員の数はわずかでも、「従業員は厳選されたる」面は、創業者の井深自身がこれを体現した。

井深は早稲田大学で技術を学んだ。卒業後、無線技術者として数社を経験した。仲間との起業経験もあった。井深自身がまさに厳選された技術屋であった。技術開発の井深に、製品販売では天才肌で商売をよく知る盛田が加わった。独立独歩の小さな企業は、意に反して「大経営企業の大経営なる」存在となった。

この時期、小さなハイテク企業がほかにも生まれていた。「技術界業界に多くの知己関係」をもち、「個人の技能を最大限に発揮せしむ」人材が多かったからだ。そのような人材は、敗戦でそれまでの秩序が大きく音を立てて崩れた混乱期に、官から民間企業へと「放出」された。井深や森田は、戦前、海軍の兵器開発に従事し、その技術蓄積が民需部門の製品開発へと結びついた。

ソニーと同様に、昭和二一［一九四六］年に、千葉県の小さな町で産声を上げた日本電子工学研究所

（現・日本電子株式会社）。創業者は海軍の元技術将校たちで、海軍での技術蓄積があった。敗戦後は、欧米の最新情報が入ってこない現実があった。それでも、短期間で、日本初の電子顕微鏡の試作機を完成させた。この快挙は昭和天皇の知るところなる。昭和天皇や皇太子（平成天皇）のご高覧の栄誉を得ている。その後、フランスへの輸出をきっかけに、日本電子の名は世界に知られる。

同社は、現在、透過電子顕微鏡など電子光学機器、核磁気共鳴装置など分析機器、走査電子顕微鏡といった計測検査機器、電子ビーム描画装置など半導体関連機器、電子ビーム蒸着用電子銃に加え、産業機器、自動検査分析装置など医用機器のメーカーとして知られる大きな企業となった。同社の「経営理念」には、「常に世界最高の技術に挑戦」が盛り込まれている。

日本電子株式会社が電子顕微鏡を完成させたのは、敗戦の爪痕が残っていた昭和二四〔一九四九〕年であった。この年には、「ひずみゲージ」など工業用計測機器の株式会社共和電業が、小さなハイテク企業として新宿――のちに調布市へ移転――に設立された。同社もソニーと同様に、「社是」に「大会社たらんよりは最良の会社たらん」を掲げた。その後、工業用計測器では世界にも知られた大会社となった。

これらの企業はいずれも、資金がない、生産機器がない、資材がないなど、いわば「ないないづくし」の時代に生まれた。その後、技術を世界的に先導する存在となった。いまでいうところの「ベンチャー企業」の先達たちであった。この種の小さなハイテク企業の出現に、大きな期待がかけられて久しい。その割には、さほど生まれていない。

「ないないづくし」の時代は終焉した。にもかかわらず、世界を先導する小さなハイテク企業は生まれない。なぜなのだろうか。それは小さなハイテク企業の「発生」機構が、当時とは大きく異なってきている。このことに起因している。

**2**　ちなみに、「ベンチャー企業」の確固たる法的定義はない。日本経済の不況期に、この言葉がなんとなく現れて定着した。適切な日本語に置きかえられずに、登場する横文字っぽい言葉には、注意を要する。ほとんどの場合、さほど実態がないので、その実態を創り出す必要性に駆られた背景があった。

ベンチャー（venture）は、ラテン語をへて中世英語となったアドベンチャー（adventure）と語源を同じくする。要するに、「山師的な冒険行為」である。ベンチャー企業を「山師的冒険企業」とでも訳すわけにもいかなかったのだろう。(*) ゆえに、「ベンチャー企業」となった。モデルとなったのは米国型の小さなハイテク企業である。

*アントレプレナー（entrepreneur）＝企業家という言葉も同様である。現在のような、企業家や企業家精神（アントレプレナーシップ、entrepreurship）として積極的な意味づけがなされるようになったのは、欧米社会でも一九七〇年代以降のことであろう。それまでは、ベンチャーと同様に山師的なニュアンスをもつ日常用語であった。

米国では、この種の言葉は、米国中小企業庁（U. S. Small Business Administration）や連邦議会の公式文書には登場せず、言葉の頻度としては急成長企業（fast-growing businesses, fast-growing "gazelle" businesses）や高成長企業（high-growing business）がもっぱらであった。

日本で、将来の中小企業モデルとしてベンチャー・ビジネスを提唱した一人である清成忠男は、「ベンチャー・ビジネス―大企業万能時代の終焉―」（中村秀一郎他編『現代中小企業史』（一九八一年）所収）で、つぎのようにふれている。

「昭和四十年にはいってから、知識集約的な、新しいタイプの中小企業が数多く登場した。既存の中小企業と対比するために、われわれはそのような企業をベンチャー・ビジネスと命名した。アメリカにはベンチャー・ビジネスという概念が存在し、それをわが国に導入したわけではない。アメリカにも、こうしたベンチャー・ビジネスに照応する実態はある。わが国におけるベンチャー・ビジネス概念の構成にあたって、アメリカの状況を念頭に置いたことはいうまでもない。」

清成は、米国の実態に照応する中小企業形態＝「ベンチャー・ビジネス」像の特徴をつぎのように列記した。整理しておく。

（一）企業家（entrepreneur）によってリードされている――「企業家とは、単なる経営者ではなく、リスクを積極的に引き受け、新規事業を起こすタイプの経営者である」こと。

（二）企業家の知的能力が高い――「総じて高学歴、高い専門能力を有している」こと。

(三)　大企業や中堅企業からスピン・オフした企業家が多い──「能力を発揮するために既存の組織を離れ、自らの組織をつくる」こと。
(四)　ダイナミックな組織である──「環境の変化に、柔軟かつスピーディに適応しうる組織を用意している」こと。
(五)　人的資源の蓄積──「知識集約型企業の特徴」でもあること。
(六)　システム的発想──「外部経済の活用、……企業外に人的資源のネットワークを有している」こと。

清成は従来の中小企業像から、知識集約的なイノベーターである小さな企業を「ベンチャー・ビジネス」として分離させて、定義したのである。リスクを積極的にとり、高学歴・高い専門能力など知的能力を持ち、大企業や中堅企業から自らスピン・オフし、リーダーシップと企業外にネットワークを有する企業家精神溢れる経営者にリードされる事業体として、ベンチャー・ビジネスが想定された。

ベンチャー・ビジネスの具体的な事業分野は、コンピュータ関連機器、電子応用機器、精密機器、これらを組み合わせたシステム機器、デザイン開発的なファッション分野である。清成たちは、ベンチャー・ビジネス論の根拠として、これらの分野に新しい小さなハイテク企業の萌芽を見出し、「新しいタイプのベンチャー・ビジネスが、すでに数多く登場しつつある」と主張した。背景としては、つぎのような根拠が示された。

（一）重化学工業の成熟化――脱工業化であり、創造力は組織ではなく、個人に依拠せざるをえないこと。小さな企業でも外部経済の活用により、創造の担い手となりうること。
（二）大企業の限界――大規模組織の硬直化と企業家能力の衰え、企業家的人材のスピン・オフの可能性の高まり。
（三）資金の供給――「わが国にも昭和四八年以降ベンチャー・キャピタルが数社設立されたが、投資ノウハウをもたないため実績があがっていない。しかし、わが国の民間金融機関は欧米のそれと比較すると、かなりリスキーを行っている」。

清成たちのベンチャー・ビジネス概念からみると、そのような企業体は一九七〇年代ではなく、物資や資金不足の敗戦の混乱期にすでに存在していた。「ベンチャー・ビジネス」の担い手像である「総じて高学歴、高い専門能力を有している」人材は、かつての軍隊や大企業から、いわば強制的にスピン・オフさせられ、当時、生まれたばかりの小さな企業へと豊富に供給されていた。

当時は、単に軍関係の技術系将校だけではなく、海軍や陸軍の工廠関係の技術者や技能者によっても、比較的技術力の高い小さな企業が設立されていた。そのなかから、市場の拡大によってソニーなどの企業が急成長したのである。そのような企業は、清成のいうベンチャー・ビジネスの王道を行く存在であった。

現在、期待されたほどにはベンチャー・ビジネスは、生まれていない。これが大方の認識であろう。

彼我の比較では、米国では一九八〇年代以降、カリフォルニア州を中心に、小さなハイテク企業が短期間で急成長を遂げ、世界的大企業へと駆け上がっている。日本では、いまでもそのような事例として、半世紀まえのソニー神話を引っ張り出さざるをえない。そこに、日本社会の閉塞感が見え隠れする。

資金面を考えれば、日本の家計や企業には、それなりの遊休資金がある。政府にもハイテク企業の振興制度がある。比ゆ的にいえば、立派な設備と快適な観覧席をもつ競技場が整備された。にもかかわらず、一向に試合が始まらない、そのような感じなのである。理由は、いつまでたっても、選手が集まらないからだ。十分な数の選手がいないから、それなりのチームが結成されない。少ないチームでは、十分な試合が組めない。選手も試合も少なければ、切符――投資資金――は売れない。

結論を急げば、つまり人材不足なのである。「能力を発揮するために既存の組織を離れ、自らの組織をつくる」、「総じて高学歴、高い専門能力を有している」スピン・オフ人材が圧倒的に不足しているのである。

もっと正確にいえば、清成たちの言うように大企業体制が終焉したわけではない。大企業でも、それまで広範囲な事業分野の整理再編が進み、その都度、人材の再配置や縮小が行われてきた。だが、人材が外部に吐き出され、新たな起業層を形成してきたとは言い難い。また、既存の中小企業へと人材の流動化が起こったとも言い難い。清成の言うリスク（ベンチャー）を厭わず、社外にもネットワークを形成できたような企業家型人材の多くは、大企業組織の硬直化に反発しても、外へと飛び出さなかった。

清成の言う企業家型人材は、その社会のもつ社会的規範や社会的価値観と等身大である。これは企業文化と言い換えてもよい。そこには、大企業文化もあれば、中小企業文化もあるが、日本の場合には、大企業の組織文化が強すぎた。その分、中小企業文化が陰に隠れてしまっている。

3　大企業文化と中小企業文化、あるいは、その両者の関係性は労働市場のあり方に規定される。そして、労働市場は、その国の経済社会的な文脈に拠る。先の小さなハイテク企業の場合、その成否のカギを握るのは人材の質である。実質的には、大学院などを出たばかりの新卒者ではなく、既存組織で研究開発や事業化の経験を積んだ高度専門人材である。

「寄らば大樹のかげ」＝大企業文化の優位性はいまだに強い。これに対抗しうる中小企業文化が生まれる必要がある。大企業から中小企業への人材流動性が重要なのである。ソニーなどが生まれた時期には、先端技術で優位性をもっていた軍関係組織からの人材流出が起こった。

人材の流出は、不況などの時期にも起こる。一九九〇年代のフィンランドでは、バブル経済の終焉と主要貿易相手国であった旧ソ連邦の崩壊や金融システムの危機によって、大不況が到来した。大企業の雇用縮小も起こった。その前後に、わたしは、フィンランドの大企業や中堅企業を訪れる機会を持ち、雇用削減の様子を実際に目にすることになった。そこでは、中堅企業なども人員整理の下、苦戦を強いられていた。(*)

＊当時のフィンランド経済については、つぎの拙著を参照。寺岡寛『比較経済社会学―フィンランドモデルと日本モデル―』信山社（二〇〇六年）。ハイテク・フィンランドについては、つぎの拙著を参照。寺岡寛『起業教育論―起業教育プログラムの実践―』信山社（二〇〇七年）、同『スモールビジネスの技術学―Engineering & Economics―』信山社（二〇〇七年）。

フィンランドは、失業保険などセイフティーネットが充実しており、また、企業が雇用削減を行う一方で、新しいハイテク事業分野への投資も行われた。当時の二〇％を超える失業率――若年層の失業率はさらに高かった――は、社会に大きな緊張感をもたらした。他方で、大企業や中堅企業に集中していた高度専門人材を流動化させ、大学・大学院で学ぶ若い技術者予備軍の卒業後の進路も変えた。結果、小さな企業にも専門技術等における高度人材が流れた。大学周辺のインキュベータにも、起業家が生まれた。

数年後、携帯電話のノキアグループの躍進によって、北欧の福祉国家でありパルプなど紙製品生産国のイメージが強かったフィンランドは、ハイテク産業国家のイメージを固めていく。「ハイテク・フィンランド」の出現である。

ともすれば、ノキアだけに目が行きがちである。実は、ほかにも多くの小さなハイテク企業が生まれていた。フィンランドの小さなハイテク企業を生み出した産官学連携体制は、後に、「国家イノベーション・システム」や「地域イノベーション・システム」と呼ばれる。

日本の政策関係者たちも、米国カリフォルニア州のサンノゼ市を中心とする、いわゆる「シリコンバレーの成功モデル」だけではなく、フィンランドのイノベーション・システム——たとえば、オウル・モデルなど——にも着目し始めた。そして、日本の政策官庁もまた、「産官学連携」モデルを求めた。「地域プラットフォーム」とか「産業クラスター」の名称の下でも、提案されたやり方であった。「大学発ベンチャー論」も盛んに論じられた。しかし、わたしの現状認識では、日本では期待されたほどには、小さなハイテク企業は生まれなかったのではないか。

「産官学」連携論からいえば、つぎのような事業化への連鎖が期待された。

「学」にはシーズ（研究成果）がある。だが、研究者たち＝大学関係者の研究成果が現実の製品へと事業化されるのかどうかは、研究者たちには判断できない。大学研究者たちのシーズを、判断能力ある「産」の企業家たちが市場のニーズとマッチングさせればよい。この連鎖が、シーズの事業化へのステップである。「官」の役割は、事業化へのステップの演出である。官が大学周辺にイノベーション・センターや産学連携センターの名称で施設をつくったのも、そのためであった。

イメージ的には、シーズをもつ大学研究者とニーズをもつ企業経営者が、地方自治体あるいはその実質的な外郭団体の建物の中で、シーズとニーズをすり合わせる。そのことで、新しいイノベーション、より具体的には革新的な製品やサービスが生まれることが期待された。ただし、この種のイメージが現実となるには、つぎのような前提があってのことである。

（一）大学の研究者がシーズ＝研究成果を有している――これはあくまでも大学の研究施設水準の問題でなく、個々の研究者レベルの問題である。
（二）企業の経営者が本当にニーズを把握し、シーズをニーズ化できる高度専門人材に加えて、資金や技術力をもっている。
（三）官が単なる建物管理者ではなく、シーズとニーズの所在を探し当て、マッチングできるネットワーク力を有する人材を有している。

フィンランドで厳しい経済状況の下、多くのハイテク企業が生み出されたのは、（二）と（三）の条件が整備されていたことによる。これは、わたしの観察結果である。どこの国にも、それなりに優秀な研究者はいる。（三）に示した人材がいれば、そうした研究者たちとそのニーズを探し当てることができる。大学などで研究経験をもち、企業などで研究成果の事業化などに取り組んだ人材が必要である。フィンランドには、不況期に企業や大学の人材が官へも流出した。日本の場合、シーズとニーズをすり合わせる鋭い感覚をもつ専門人材が、大企業ばかりに集中している。フィンランドでも、以前はそうであった。不況でそのような人材が流動化したのだ。

日本でなぜ、敗戦後に小さなハイテク企業が生まれ、成長を遂げたのか。その理由はすでに示されている人材の流動化が起きたからである。今日、異なる組織や異なる企業の間で、人材の流動化が進まないのは、二つの理由による。一つは大企業文化という社会的規範の存在。二つめは流動化への制度的な障壁の存在である。一つめの、大企業優位の労働市場の存在が大企業文化を成立させていることについては、後述する。

二つめの障壁についていえば、企業規模による労働賃金格差に加えて、退職後の年金など社会福祉面の企業間格差も大きい。また、産官学の流動化が不利になるような仕組みもある。年金などのポータビリティが重要な鍵を握る。要するに、日本では制度的にも実質的にも、大企業の正社員や役所の正職員として長く勤務するほうが有利であった。そこへの門戸は、原則、学校卒業の時点にだけ開かれる。若い人の大企業志向や公務員志向を、一方的に責めることなどできない。

日本では、ベンチャー企業の振興も含めて、小さなハイテク企業の創出には、個別企業のイノベーション論のまえに、社会制度のイノベーション(*)が必要である。

*詳細はつぎの拙著を参照。寺岡寛『イノベーションの経済社会学―ソーシャル・イノベーション論―』税務経理協会(二〇一〇年)。

## 小さな企業の発生機構

1　小さな企業の「発生」機構(メカニズム)は、その社会に内在する企業文化(ビジネス・カルチャー)そのものである。現在の日本社会はおよそ大企業文化である。大企業文化の下では、ヒト・モノ・カネの流れが大企業を頂点として形成されている。その組織的特徴はつぎのように整理できよう。

（一）人びとが位階制（ヒエラルキー）の下で働いている。この上下関係において権威が形成される。
仕事は細分化され、多くの仕事は半ばルーティン化される。

（二）位階制の下では、権威に対して服従が規律となっている。こうした服従とそれに伴う報酬——
地位上昇も含む——が組織内規律を生成する。

二つの点は、大企業であれば大なり小なり共通する。また、この種の特徴は、営利事業体に限らず、公的機関なども含め大規模組織全体に共通する。むろん、これには国柄や地域柄がある。日本の特徴はつぎのようになろう。

（一）メンバーシップ意識の強さ——現在も新卒一括採用を概ね採用している大企業では、そこに長くとどまり、位階制の階段を上ることで、「うちの会社」というメンバーシップ意識が強くなる。このメンバーシップ・カードは、ときに外部にも開放されるが、その数はきわめて少ない。メンバーシップが強い組織原理となっている場合は、権威に対する規律が強い。一旦メンバーシップ・カードを失えば、同等か同等以上のメンバーシップ・カードを手に入れることがきわめて困難である。ゆえに、その構成員は不満があってもできるだけ我慢しようとする。それが、日本の大企業の不祥事の温床になっている。

（二）メンバーシップ組織間の位階制の存在——若いころから他組織への移動がすくなく、同一組織に長くとどまることで徐々に形成された「うちの会社」意識はきわめて強く、他企業への競争意識を掻き立てる。この種の意識は、異なる企業への劣等意識とともに、その裏返しである中小企業などへの優越意識を植え付ける。必然、中小企業へのスピン・オフは、自身の会社人生に敗北感をもたらす。

とりわけ、(二)の意識が、大企業からの高度専門人材の中小企業への流出を困難にする。本来、高度専門人材などは、個人の能力と役割が正しく与えられる場が存在して、はじめて実力を発揮するにもかかわらず、である。

米国企業などの事例を見ておくと、そもそも日本のように若いころの就社ではない。企業のプロジェクトや事業の創始にあたっては、しばしば外部人材が募集・登用される。そしてプロジェクトが具体的な成果を生み出せば、研究→開発→事業化→製品への流れのなかで、その組織に長くとどまることができる。

他方、プロジェクトの完遂が想定された一定期間の内に、具体的な成果が生み出されなければ、プロジェクトは廃止される。その成員が解雇されることも多々ある。日本の場合、プロジェクトに関わった人材は社内の他部署へ配置転換——子会社や関係会社へも含む——されてきた。これにも長所と短所がある。多少の失敗に関わらず、長期雇用の下でその後に成功したプロジェクトの例もある一方で、他企業に移れば有用だったであろう人材が、社内にロックインされ、そのまま埋没人材となってしまうこともある。

もちろん、大企業にはその組織文化を正当化するイデオロギーがある。その根幹には、長期雇用＝安定という人材集めがあった。このイデオロギーは、大企業本来の中核事業だけで支えられてきたわけではない。若くして採用した人材を年功序列賃金制度の下で社内に長くとどめるには、人材の再配置、事業の多角化・多様化が必要であった。現在は、日本の大企業は正規従業員を中心とした年功序列・長期雇用の制度の保持のために、非正規雇用に依存するようになっている。また、従来の本社と関係会社の継続的取引関係も見直されつつある。

非正規雇用とは、暗黙の了解として正規雇用＝同一企業内での終身雇用――長期雇用――に対して、この範疇には入らない有期雇用者を指す場合が多い。問題視されるのは、二つの雇用形態の間に賃金など労働条件の格差があり、後者がもっぱら不利な状況にあるからである。たとえば、欧州諸国などでは、どうだろうか。正規と非正規の労働市場での雇用条件の差異はわずかである。ナショナルミニマムとしての社会福祉水準の下、両者の差異が少ない国では、日本ほどに正規と非正規の区別が問題視されるわけではない。日本でも、今後、人材の流動化が起こり、非正規的な就業形態が普通になれば、むしろ正規雇用の再定義が必要となる。

今後は、大企業イデオロギーも異なるものになっていくだろう。イノベーションなどの言葉を取り込んだ経営理念やコマーシャル・メッセージが多く登場するのは、自分たちの力では変わらない組織文化へのいら立ちの裏返しである。シュンペーター（一八八三〜一九五〇）のいう、イノベーション促進の大企業像が復活しているような印象もある。

他方、中小企業文化には、つぎのような特徴があろう。

（一）大企業文化への対抗文化（カウンターカルチャー）——現在の大企業も、元を正せば、ほとんど自営業のような小さな事業体から創始された。それが大きな成長を遂げたことで、成功者の象徴となった。小さな事業体にとどまった中小企業経営者は、大企業に対して暗黙の引け目をもつ。賃金格差に加え、社内福祉水準の格差の存在は、中小企業で働く多くの人たちに大企業との比較において同様の引け目をもたせる。あきらめ感もあるが、大企業への対抗意識も強い。

（二）経営者の感性の二重性——中小企業の経営者は、大企業に対して引け目をもつ反面、そのような大企業経営者をサラーリーマン経営者＝「雇われの身分」と見なす。彼らと比較して、自分たちをオーナー経営者＝「人を雇う身分」として意識する。ゆえに、従業員に対して、擬似的な家産国家の独裁王として振る舞う経営者——一国一城の主——もいる。この意味では、中小企業経営者は、引け目という劣等感と、「雇う身」という優越感の二重の感性をもっている。

（三）（一）に関連して、大企業に対する意識は、中小企業の存立形態によって差がある。特定大企業への下請取引依存度が大きい中小企業と、多くの顧客と多角的な取引関係を持つ独立的な中小企業では、経営者の意識は異なる。

（四）日本のように、企業からのスピン・オフ人材が中小企業の経営者や経営幹部へと流動化していない社会では、中小企業への就職には、どことなく都落ち的意識が形成されている。

とはいえ、同じ中小企業の範疇に属していても、たとえば、製造業で三〇〇人近い従業員規模——子会社・関係会社を除く——をもつ中小企業と数人の中小企業とは、存立形態や存立基盤は、やはり異なる。商業やサービス業でも同様である。個別店舗の規模の大小、他地域への店舗展開の有無で、同じ中小企業でも、存立状況や存立規範は大きく異なる。すなわち、小企業＝小さな事業体の文化は、中小企業のそれとはまた別である。小さな企業の文化とは、つぎのようなものであろう。

（一）地域社会との緊密度——大企業の場合、国内でも複数地域に事業所を展開していることから、従業員の定期異動がある。地域社会との関係性は、転勤・配置転換の範囲内になる。企業規模が小さくなれば、地域社会との緊密度は高い。

（二）地域社会との相互依存性——働く人たちの労働市場、商品・サービスの消費市場、金融市場との関係性は、小企業の方が深い。いわゆる地元の顧客や信用金庫など金融機関とのつながりは緊密で、必然、その相互依存性は高い。

このようにしてみると、企業規模とは、単に売上額や雇用者数の多寡だけではない。大企業の場合、一事業所あたりの雇用規模などでは、地域社会への影響力は大きいことはいうまでもない。

他方、小さな企業の従業員は、むろん他地域から来た人たちもいるが、生まれ、学び、働きという人生のサイクルを地域内で完結してきた人たちが多い。一般に、人の最も内面的な精神性は、その属する社会のもつ人間関係や社会意識によって形づくられる。必然、そのような人たちの集合体である小さな企業は、地域と深い関係を取り結ぶ。小さな企業をとらえるうえで、この点への認識は重要だ。こうした小さな企業の誕生物語をみておこう。

## 2

小さな企業には、法的定義がある。欧州やアジア諸国には、マイクロビジネス（micro-business）などの名称の下に定義される。日本の場合、常用雇用者数で二〇人まで、ただし、卸売業、小売業、飲食サービス業、宿泊業と娯楽業を除くサービス業では五人までである。日本では小規模企業という名称がある。この定義の厳密性を問うことはさほど生産的ではない。従業員一九人の工場と四人の工場の差は、人数だけでなく、その工場の資本設備や加工内容などにもよる。大事なのは厳密な定義ではない。小さな企業の「小さな」という実質的意味合いなのである。小さな企業をつぎのように分類しておこう。

（一）ライフサイクル型──「一代（非承継──廃業──）」型と「承継後廃業」型の二類型がある。
（二）事業承継型──「現状維持」型、「成長」型と「第二創業」型の三類型がある。
（三）スピン・オフ・ベンチャー型。

（一）は、経営者の引退によって事業活動が終わる事業形態である。多くの事業体は夫婦単位である(*)ので、後継者がいない場合、一代限りで廃業される。この種の小さな企業の設立経緯は、通常、既存組織から途中退社しての創業、あるいは、定年後のシニア創業である。なかには、ある程度の有給従業員を抱えながらも、後継者がいないために廃業するケースもある。また、承継後に廃業されるケースもある。

＊小さな企業のほとんどの初期形態は、家族が仕事や家庭の雑事を分担して成立している。このような「経営」形態は、企業と家計が未分離であり、非近代的な後進性をもつ生業と位置付けられてきた。こうした企業では、女性＝妻が大きな役割を果たす。そして、企業が成長し、有給従業者を雇用することになっても、妻が引き続き従業者の生活――食事の世話なども含め――を支えつつ、一般事務、経理、時として資金繰りなど管理業務をするのが常であった。

こうした形態は、「生業」と「企業」の「中間的存在」とされ、妻が担った業務がしばしば無償労働＝「柔軟性」と解釈されることも多かった。それは「小零細企業」の存続メカニズムそのものであった。こうした形態を経済原則から再考する必要がある。自営業を中心とする小さな企業の減少は、現在において、そのようなメカニズムが経済原則的に成立しがたいことを示唆している。換言すれば、このような中間的存在を支えるメカニズムそのものが、再生産されなくなっているから、小さな企業が減少している。

小さな企業で妻の果たしてきた役割については、徳井美智代の先駆的な研究がある。徳井は妻の「かかわり方の類型」をつぎのように分類整理している。①「サポート型」――「計画、判断は業主が行う。責任、権限も業主が持つ」、②「協働型」――「自分が分担している業務に関しては、計画、判断も任されている。責任、権限も持つ」、③「自立型」――「新しい仕事分野への進出計画、これまでの仕組みの見直し、再構築など、自らの発想で行動、計画し、判断も自分主導で行っている。責任、権限も持つ」。

自営業など小さな企業の承継が困難な理由について、徳井は「企業と生活の線引きを曖昧にしつつ、妻が自分の裁量で時間的にも金銭的にも柔軟に対応する」やり方を、後継者――たとえば、息子――の妻＝嫁に継承させることの難しさを指摘する。そして、多くの小さな企業での妻の役割が、①や②にとどまり、③にまで昇華していかないことを実態から明らかにしている。徳井美智代「小零細製造業における業主の妻の役割―東京都大田区の事例から―」（日本中小企業学会論集第二八巻、二〇〇九年八月）、同『小零細企業の経営と労働の実相―妻の経営への参加過程に着目して―』（同論集三二巻、二〇一三年八月）。同『小零細企業において業主の妻が経営に果たす役割―妻の仕事の歴史的展開に直目して―』（日本労働社会学会『労働社会学研究』一二号、二〇一一年）。

（二）は数代にわたり、事業が承継されるケースで、「老舗」といわれる企業もある。そうした企業の承継には、いくつかの類型がある。一つめは、需要の低迷・衰退の下にあって、同業他社の減少によって生き残ってきたケース。「残存利益型」承継である。

二つめは、需要の掘り起こしや他分野への進出を遂げた小さな事業体、「成長志向型」承継である。

三つめは、情報機器の活用や外注先の利用により事業規模の拡大を遂げたケース、「情報機器活用・ネットワーク型」承継である。このタイプには「緩慢成長型」と一定時期から急成長を遂げた「急成長型」がある。なお、後継者の事業承継時期に、需要の急減、職人などの確保難から他事業へ転換したケースもある。これは、実質上の「第二創業型」である。

（三）は企業や大学など既存組織からスピン・オフして、ハイテク分野や新事業分野で創業して間もない事業体である。これは数の上では現在もきわめて少数である。

ここで法的定義による小企業の数の推移を、参考までに統計的に確認しておく。

| 産業別 | 平成二一［二〇〇九］年 | 平成二六［二〇一四］年 | 変化率（％） |
|---|---|---|---|
| 建設業 | 四九九、一六七 | 四三五、一一〇 | ▲一二・八 |
| 製造業 | 三九四、二八一 | 三五八、七六九 | ▲九・〇 |
| 運輸・郵便業 | 六二、三六一 | 五三、二五五 | ▲八・四 |
| 卸売業 | 一七五、五九二 | 一六二、二五三 | ▲九・二 |
| 小売業 | 六九三、六〇四 | 五五〇、四〇六 | ▲二〇・六 |
| 不動産・物品賃貸業 | 三四五、〇六五 | 三一一、五六八 | ▲九・八 |
| 宿泊・飲食サービス | 五二四、八一一 | 四六四、九八九 | ▲一一・四 |
| 医療・福祉 | 一四三、五八四 | 一四六、四二七 | 二・〇 |
| 教育・学習支援業 | 一〇〇、二一三 | 九四、四〇九 | ▲五・八 |
| サービス業 | 六五六、二三九 | 六一三、九八二 | ▲六・四 |
| 全体 | 三、六六五、三六一 | 三、二五二、二五四 | ▲一一・三 |

統計では、医療・福祉を除く分野では小規模企業の減少傾向がみられる。二〇〇九年から二〇一四年の五年間で、小企業の数は四一・三万社も減少した。

同時期の日本の人口数をみておく。国勢（人口センサス）調査は五年毎であるので、前期の統計と時期が近いのは、平成二二［二〇一〇］年の一億二八〇五万人、平成二七［二〇一五］年の一億二七〇九万人で、この間に約一％の減少となっている。これは日本全体の数字である。都道府県別でみれば、愛知県や関東圏などを除き、ほとんどの地域で減少した。立地地域の市場（人口）規模に大きく影響される商業やサービス業の場合、承継が難しい小さな事業体が多いのも首肯できよう。

小さな企業の減少は、後継者がいないことによって加速化されてきた。その理由の過半は、小さな企業が生まれた経緯にも関連する。「雇われる身」から「自らを雇う」小さな企業＝自営業（the self-employed）への転身の背景には、さまざまな個人的理由もある。概していえば、「雇われる身」による予想生涯所得と「自らを雇うこと」によるそれとの比較があったはずだ。後者にある程度の勝算と期待があったからこそ、創業へ踏み切ったのだ。さらには、事業分野の拡大への見込みと期待があった(*)。

*町工場など小さな企業の経営者からよく聞かれた経営訓に、「損して得を取れ」がある。つまり、厳しい取引条件でも、取引を継続して「恩を売っておけば」、やがて受注の拡大を通じて採算が合うようになる、というのだ。だが、この経営訓は高度成長期のように、短期的な落ち込みをカバーできる経済条件の下で可能であった。現在では、どうであろうか。景気が回復しても、海外事業所をもつ取引先企業が、国内取引額を拡大させる保証などはない。

小規模企業数の減少は、開業する企業以上に廃業する数が多いことに起因する。背景には人口減少による市場の縮小への悲観的な見方と懸念がある。また、自ら事業を創始することの日本社会における意義と意識の変化も、見落とすことはできない。

## 小さな企業と日本社会

### 1

海外旅行の機会が限られていた時期に、小田実（一九三二〜二〇〇七）は米国留学を体験し、世界を旅した。そして、その時の体験を綴った旅行記『何でも見てやろう』で、作家として世に出た。小田は作家業の傍ら、予備校講師も務め、予備校教師という定点観測点から若者を見て、日本社会の変化を論じ続けた。

小田は『問題としての人生』で、「長いあいだ『定点観測』をしていて痛感したのは、若者という存在、それは時代時代の社会の空気をモロに呼吸する存在であって、若者を見ていると、時代の動向がよく判る……大都会出身の若者だけを見ていてはかえって社会の動向はつかみとりがたい。……地方出身の若者を見ているほうが時代の動向がよく判る」と述べている。

小さな企業と日本社会との関係の変化も、同様に、若者意識の変化をみればよくわかる。わたしは、大学で若者世代を相手に中小企業の経済社会学を論じてきて、小田の肌感覚に強く共鳴する。

教壇から若い学生に接する限り、彼らの多くはできれば安定した組織での雇用を強く望む。安定ということでは、公務員職を希望する学生も多くなった。希望の就職先では、できれば大企業、つぎに中堅企業、比較的上層の中小企業という序列観が根強い。また、モノづくりの大切さが指摘されて久しいが、若者の製造業離れは着実に進んできた。三大都市圏に位置するわたしの大学でも、商業・サービス業への就職がかなりの割合を占める。巨大な都市人口によって支えられる商業・サービス業の集積度が高いからである。

私が教鞭をとり始めた四半世紀前には、北陸圏出身の学生なども地元で就職先を見つけることが多かった。現在では、大学卒業後にそのまま大学所在地に残り就職する学生の割合が高くなってきた。これは、学生たちの出身地域で、人口減により地方市場が縮小し、地元企業の苦戦が続いているためだ。むろん、地元の優良な中小企業に職を求めることもできる。だが、都市圏でのそれなりの規模の企業に就職したいという学生の意識があり、結果、地元へと戻る割合は減った。小田は、地方出身の若者をみているほうが時代の動向が判りやすいと言ったが、そのとおりである。

若者は時代の流れに敏感である。他方、過去という時間の痕跡には鈍感である。とはいえ、若者の考え方や社会での身の処し方は、一世代前の親世代の価値観を無意識のうちにある程度引き継いだものでもある。

現在、開業率の低下から、官民挙げての起業促進運動が盛んになった。「学問のすすめ」ならぬ、「起業のすすめ」に熱心な大学教員、研究者や公務員の声も大きい。そのわりには、若者の間での起業運動の盛り上がりはまことに低調である。

過去の若者意識をつぎのように時代別に整理しておくと、その内実がわかりやすい。（一）敗戦後の昭和二〇年代に教育を受け、労働市場に登場した世代、（二）その世代を親にもつ子供世代で、高度経済成長期に労働市場に登場した世代、（三）（一）からすればその孫世代でバブル期の中で労働市場に登場した世代──団塊ジュニア世代ともいわれる──、（四）現世代、である。

（一）エネルギーや鉄鋼などの基幹産業を除き、大企業の経済復興は遅れ、中小企業が輸出などを通じて日本社会の戦後復興に大きな役割を果たした時代である。多くの人は農業に加え、零細な自営業を含む中小企業で働いた。しかしながら、親たちの意識は、子供を今後復興していく大企業の会社員や安定が期待できる公務員に就くことを望んだ。景気の波に翻弄される小さな企業よりは、大きな企業への憧れが強い時代であった。と同時に、大企業の復興や成長による下請取引の拡大もあり、町工場から独立する若い職人たちも多かった。社会はいまだ混乱期の雰囲気を残し、独立して一旗揚げる機運も強かった。

（二）社会の安定と進学率の上昇が同時並行で進んだ時期である。農業人口は減り、地方から都市への若者層の移動が始まった。大企業の成長と新卒一括大量採用の労働市場の形成が軌を一にした。就職市場における序列と学歴信仰が結びついた時期でもある。そこから抜け落ちた層でも、町工場や町の商店からスピン・オフ創業し、旺盛な市場の拡大に支えられ事業は活発化した。

（三）バブル期を経験した時代である。就職時は売り手市場であったが、「山が高ければ谷深し」のたとえ通り、バブルは崩壊し、その後に日本企業のリストラという名称の事業縮小と再編──ダウンサイジング──の波を被った世代でもある。このことが、自分たちの子供に一層の安定を望むパラドクスを生んだ。

(四) リーマンショック後に企業側が採用を手控えたことと、高度成長期の大量入社組＝団塊世代——六五歳以上——の退職によって、企業の採用人数が多い。若者世代の売り手労働市場がしばらく続くことで、中小企業の人手不足が顕在化した。

働いている人やこれから働こうとしている人たちは、自分たちや家族にとって、より良き将来を見据えて行動する。新卒一括採用と長期雇用が大企業や官庁を中心に定着するにしたがって、かつては、そのようなキャリアパスを持てない人たちにとって、代替的なキャリアパスは、まずは自営業的創業であった。商業・サービス業では参入障壁も比較的低く、多くの人たちが創業に踏み切った。製造業の場合には、設備機械、技術、さらには、最も頭の痛い顧客の確保という経営課題があった。まずは、下請取引から小さな工場を立ち上げた新米経営者も多かった。そうした小さな事業体からその後大きく成長した事例もあった。そこには、「学校出」でない人たちの、もう一つのキャリアパスがあった。

現在、高卒者の八割近くが進学——大学や専門学校等——するなかで、将来、自分で事業を起こすことをどこか頭の片隅にでも置いている若者など、どの程度いるのだろうか。わたしの周辺の学生から見る限り、それはきわめて少数派である。わたしのゼミナールの卒業生は五〇〇名近くに達するが、実績としてはさほど多くはない。

創業には、現在の職種や職業から自ら望んで飛び出して、事業を起こすというイメージが強い。もちろん、そのような自己実現的なケースもある。だが、実際には、勤め先企業の事業縮小や事業所移転、あるいは家族や自身のさまざまな諸事情から創業に踏み切った人たちもいる。創業への踏切は、いくつかの外部条件と、いくつかの本人の内部条件とのマッチングによって、決定される。

外部条件としては、その時期の経済状況が大きな要因となる。つぎの三つのケースがある。

（一）他律的な創業①——勤め先の倒産・事業縮小、事業所の移転などによる雇用喪失。

（二）他律的な創業②——事業所の閉鎖にまで至らずとも、事業の衰退などによる配置転換や賃金見直しなど、雇用条件の悪化。

（三）好況期の下、創業後の事業機会拡大への期待など。

他方、内部条件としては、つぎの三つのケースがある。

（ア）現職での賃金水準など労働条件等への不満。転職や起業への期待の高まり。

（イ）現職で専門知識などが十分に生かされていないことへの不満。自己実現欲求の拡大。

（ウ）組織内の官僚主義への忌避と独立意識の高まり。

こうした外部条件と内部条件の組み合せには、つぎの四つの類型が想定できる。

〈第一類型〉——（一）×（ア）・（イ）による創業への踏み出し。準備不足の感は否めない。

〈第二類型〉——（二）×（イ）・（ウ）による創業への踏み出し。（イ）や（ウ）の場合は、何らかの準備期間があることによって、外部条件が創業意識を顕在化させる。

〈第三類型〉――（二）×（イ）・（ウ）による創業への踏み出し。現職に留まることの機会費用としての生涯所得と創業後のそれとの比較において、後者への期待が大きいと判断される。

〈第四類型〉――（三）×（ア）・（イ）・（ウ）による創業への踏み出し。経済の順調な拡大が望めるなかで、創業のリスクが低下しているとの意識の高まりの結果である。

さらに、内部条件ということでは、本人の家庭環境や教育環境、職業生活などの背景が大きな要因となっていることがある。つぎにそれらを検討していこう。

2

米国の社会学者C・ライト・ミルズ（一九一六〜六二）は、亡くなる直近の時期に、これからの社会学のあり方についての著作を、まるで遺書のように残した。それが、『社会学的想像力（The Sociological Imagination）』（一九五九年）である。ミルズは、私的な事柄であっても、そこに社会的な構造変化の反映をみることの重要性を説いた社会学者であった。彼は同書で、社会的な変化を探る上で社会学的想像力を働かせる必要性を指摘した。特に、つぎの三点への着目とそれらを問うことの重要性を説いた(*)。

（一）「特定の社会は全体としてどのような特徴をもつのか。その重要な諸構成は何なのか、そしてそれらがどのように関係しあっているのか。それが社会秩序の他のバリエーションとどのように異なるのか」。

（二）「人間性の発展にとって……私たちが着目する特徴が、現在、どのような影響を与え、影響を受けるのか。そして現代とは、その本質的な特徴とは何であるのか」。

（三）「現代（現在）、この社会でどのような男女が優位に立っているのか。どのような特質が優位に立つようになったのか。どのような方法でそうした人たちが選ばれ、形成され、解放され、抑圧され、感覚が鋭敏化され、感覚を鈍くさせられているのか。現代社会において、私たちが観察する行為や特徴において、どのような人間性が明らかになるのだろうか。私たちが検討を加えている社会のあらゆる特質のそれぞれが人間性にとってどのような意味をもつのだろうか」。

＊ライト・ミルズの「社会学的想像力」については、つぎの拙著を参照。寺岡寛『地域経済社会学―人びと・地域・創造力―』同文舘（二〇一六年）。

ミルズはこうした諸点を踏まえた上で、「それぞれの資質と存在をもち生きている社会と時代で、個人が社会的かつ歴史的にどのような意味をもっているのか、つねに知りたいという衝動に駆られるものだ……社会学的想像力という手段で、人びとは世界で何が起こっているのかを把握し、社会において個人史と歴史が交差するささやかな諸点で自分自身において何が起こりつつあるのかを理解したいと望むものなのだ」と指摘する。

そして、「社会学的想像力」を働かせるには、「私的（プライベート）領域」と「公的（パブリック）領域」の問題と課題をきちんと峻別すべきと強調する。小さな企業が生まれる機構――メカニズム――を探る上でも、日本社会のあり方と個人の心理――精神といってもよい――を分けて考えることは、大切である。

ミルズの視点を念頭に置いたうえで、なぜ、小さな企業が減り続けているのかを分析してみる。小さな企業が減っているのは、廃業が増えるなかで、新たに起業する人たちの数が少ないことにある。創業するかしないかは、職業選択の自由の下、個人の「私的領域」の問題である。それが重大な、政策上の振興課題となるのは、創業する意志があるのに、創業を阻む制度の存在など、「公的領域」に関わる場合があるからと考えられる。

だが、政策や制度の是非のまえに考察すべきことがある。より本質的な部分は、日本社会において創業したいという個々人の意志があるのかないのか、強いか弱いかではないだろうか。年代別でみれば、学校教育を終えた若者層、既存組織で一定期間の職業生活を送ってきた年齢層、退職前後の年齢層などの創業意欲はどうであろうか。それぞれの年齢層の現在と一世代～二世代まえとでは異なるであろうか。

学卒後にすぐに創業する人たちの割合はいまもむかしも少ない。まずは既存組織での就業の実態が重要な要素である。現職の所得が十分に満足できるものであった場合、人は創業を考えるだろうか。所得が十分でも、自由時間が少なく労働環境が厳しい場合、転職か創業かの選択がある。その時に、転職が創業より優先されるのは、創業条件が厳しいとみる認識――心理――があるからにほかならない。転職に有利な若者に比べ、高年齢層の選択はどうか。年金生活に入るシニア層は、年齢的に既存組織で働く事は困難であるものの、就業意欲が強ければ、創業の可能性がある。

以前、この種の議論は、長期雇用の正規雇用層を暗黙裡に前提としていた。だが、パートタイマー・アルバイト、派遣社員、契約社員・嘱託といった非正規雇用者が、特に若者層を中心に一九九〇年央から急増している。現在、三人に一人以上が非正規の就業者で、二五歳未満層と五五歳以上の中高年層では、非正規雇用者の割合が高い。背景に、平成一五［二〇〇三］年の「派遣労働法」改正による規制緩和がある。業種別には、卸売業・小売業・飲食店で二人に一人以上、サービス業で三人に一人、製造業でも四人に一人が非正規職である。職種別では、会計、サービス業――とりわけ、接客・給仕職――、生産工程、食品製造、建設、運搬労務などで、半数以上が非正規職となっている。

非正規職の賃金動向は、厚生労働省『賃金構造基本調査』によれば、医療職や高度専門職など高額所得の専門フリーランス型は別として、四人に一人は年収一五〇万円未満、二人に一人以上が三〇〇万円未満となっている。ただし、これにも男女格差があり、年収一五〇万円未満では女性非正規雇用者の割合が圧倒的である。

創業に話を戻す。時代区分をしておく。二世代前は戦後復興期から高度成長中期あたりまで、一世代前は高度成長期からバブル期あたりまでとする。まず、二世代前では、創業者の中核は義務教育などを終えて、町工場や町の商店での徒弟修業という社会学校を経て、独立した人たちの割合が高かった。前述の創業パターンでは（三〇～三二頁）、第一類型や第二類型が多かった時代である。一世代前では、進学率が高まり、新卒一括採用ルートが確立し、創業パターンでは第三類型が増えた。その後のバブル期には第四類型もそれなりに見られた。

二世代前は、創業が高学歴者・大企業勤務者とは異なるもう一つの生き方であった。スタート・アップとは、社会階層的ステップアップ実現へのキャリアパスでもあった。他方で、大企業と中小企業の間にある各種フリンジベネフィット(*)を含む実質所得の格差は、必ずしも顕著に改善されたわけではない。

*フリンジベネフィット――賃金・給与以外に、企業が従業者に供与する経済的諸便益の総称である。企業によって、その内容は異なるが、たとえば、通勤手当、家賃補助、制服・作業着、厚生福祉施設の利用、民間施設の利用割引券などが含まれる。

格差は次世代の職業観――心理――へ、どのような影響を与えてきたか。あるいは、どのようなキャリアパス=職業選択=社会的な地位の獲得意識が、特質となっているか。そこには男女の意識の違いがあるのか。男性は大企業勤務、女性は専業主婦という役割分業が成立しうる時代ではなくなりつつある。現在、世代間で価値観はどのように異なっているのか。

昭和二〇年代から昭和三〇年代の中小企業勤務者の意識調査(*)がある。子供には大企業や公務員職を望む声が強かった。その理由の過半は、自分たちの職場=中小工場の存立が不安定であるがゆえであった。親たちはいつの時代も子供には自分たちより良い暮らしを望む。子供たちは、家庭での何気ない会話などを通して親の社会的価値観と期待感にふれると同時に、学校教育の下で、単なる基礎知識だけではなく、社会で優位を占める価値観や秩序観・序列観を身に着ける。

＊寺岡寛『中小企業の社会学—もうひとつの日本社会論—』信山社（二〇〇二年）を参照のこと。

創業意識に先立つ職業観などは、自営業の家庭では職住近接もあり、それなりの現実感覚も形成される。他方で、いわゆるサラリーマン家庭では、親の職業を直接肌感覚で知る機会がきわめて限られる。結論から言えば、若者の創業への潜在意欲は前世代との比較において、相対的に低位にとどまっている。周りにそのような事例と成功者が少なければ、創業への心理的距離感は大きい。

## 小さな企業と日本経済

1　小さな企業が生まれ続けることがなぜ重視されるのか。いまの大企業も、小さな企業から創始されていた。そのことを思い浮かべれば、経済の活性化は大企業だけではなく、小さな企業が成長することでもたらされる。

大河も一滴の雨、小さな支流が始まる。わたしは、米国の大河を代表するミシシッピー川の支流の一つに案内されたことがある。ミシシッピー川も一つの小さな川——小川——から始まっていた。国民経済の活性化には、さまざまな経済主体の活発な活動が必要である。民間企業に限っていえば、小さな企業が、すべてといわないまでも、その一部でも確実に成長することが地域経済、さらには国民経済に大きな刺激を与える。

国民経済の活性化には、イノベーションの必要性も叫ばれる。(*) それは、企業内の閉鎖されたイノベーションではなく、より開かれたイノベーション（open innovation）であることが強調される。理由は、企業内だけのイノベーションには制約があるからだ。組織的官僚主義や保身主義の下では、イノベーションの誘発は困難である。しかし、オープン・イノベーションの実質的有効性については、米国などのオープン・イノベーションの成功事例は、針小棒大に解釈されすぎている。

＊イノベーションの経済社会学的意味については、つぎの拙著を参照。寺岡寛『イノベーションの経済社会学―ソーシャル・イノベーション論―』税務経理協会（二〇一〇年）。

実際のところ、企業内イノベーションのプッシュ要因は、ライバル企業の市場への新製品投入や、技術力の高い新しい企業の参入なのである。大企業や中堅企業だけでなく、小さなハイテク企業の登場は市場を活性化させる。既存組織ではなく、新しい組織による新製品や新サービスほど、既存市場へ大きなインパクトを与える。主役は、いわゆるベンチャー企業である必要性はない。すこしだけ技術力の高い新しい小さな企業が、コンスタントに既存市場に参入すること。このことが大きな刺激となる。日本ではこの種の小さな企業が少ない。なぜなのか。つぎの理由による。

（一）小さな企業の供給元の限定性――従来は、小さな企業が小さな企業の苗床である。起業は、小さな企業からのスピン・オフ組が主であった。将来において、より多様な供給元が必要である。大企業や中堅企業、大学や研究組織からの多様な人たちのスピン・オフ創業がいままで少なかったのである。

（二）創業後の市場開拓の制約性——製造業についてみれば、下請的創業が多かった。その場合、ある程度の技術力をもっていても、市場開拓のノウハウを欠いたままの創業が多かった。市場開拓力は、創業前のネットワーク力に大きく依存する。前職での経験——とりわけ、ネットワーク構築力——は、創業後の成功に不可欠な要素である。

（三）既存企業との積極的な取引拡大への支援の少なさ——スポット的な下請利用、景気調節弁のような便利屋的な取引関係からは、新しい技術やサービスを協働して生み出す小さな企業は生まれにくい。これには、小さな企業の方にも、対応上の課題がある。高度専門人材の獲得である。

その意味でも（一）が今後の日本経済の活性化の重要な鍵を握っている。

小さな企業の存立基盤を構成するのは、小さな企業の業種・業態としてのあり方と、それを支えるに足る市場である。シードマネーとしての創業資金は、ほとんどの場合、信用金庫や地方銀行など金融機関からの借入ではなく、自己資金や親戚縁者からの資金調達である。追加資金などは、販売が順調に推移し、大きな設備投資や店舗の拡張などがなければ、通常の事業展開のなかで循環する。

この意味では、創始されたばかりの小さな企業の命運を握るのは、市場確保や市場開拓の成否だ。どのようにして最初の顧客＝市場を確保するか。これには「暖簾分け型」と「準暖簾分け型」がある。

前者は、素人から技能者へと一定期間の「修行」を経て、独立後は親方＝親工場から仕事の発注を受けながら、同種の加工や仕事を継続する。この場合、市場が確保されるので、リスクは低い。前者がある種の修行満期後の円満退社型であるのに対し、後者は、自己都合による修行途中の退社型である。創業後に親工場から受注を確保できない分、本人のネットワーク力に依拠する。自分の出身地域へのUターン型創業の場合などは、親工場からの多少の支援があっても、地元での市場開拓は自らする必要がある。

これまで、小さな企業がさらなる小さな企業を再生産する機構は、このようなものであった。日本経済のコンスタントな拡大があって、それに応じて市場が拡大してきた。そして、現在である。かつての国内完結型の産業構造は大きく変化し、いまではグローバル経済化の下、国際分業型へと移行した。

国際分業が進展する下で、小さな企業も国内外で市場的位置を定めることが必要となった。これにはビジネスチャンスの拡大という面と、競争相手の拡大という厳しい面がある。情報通信技術の発達によって、小さな企業でも容易に世界市場とつながることができるようになった。製造業だけではなく、観光業関連の各種サービス業にとっても、ビジネスの範囲が広がった。他方、競争は地球規模になった。こうした時代に対応し得るには、資金や技術だけではない。決定的な鍵を握るのは、専門知識やマネジメント面での高度専門人材の確保である。

ここでいう高度専門人材は、かたちだけの学歴尺度に応じたものでは決してない。学校を卒業して以降の職業人生の下で、累積・構築されていく専門知識や経験がきわめて重要なのである。個々の企業においても、そのような人材が定着・活躍すること、これが地域経済全体の発展に確実に寄与する。

## 2

経済の活性化には、産業構造の高度化が重要視されてきた。変化の主導因は、新たな産業を担う企業などの登場である。既存企業の場合は、事業転換が困難であれば、事業の多角化に期待がかかる。しかし、大組織の官僚主義は既存秩序に固執し、新事業などの芽を摘み取ってしまうことも多々ある。そこで、既存組織からのスピン・オフ人材の存在は貴重になる。そのような人材による新たな企業の設立は経済活性化の大きな鍵を握る。日本の中小企業のなかにも、大きな潜在力をもつ多様な事業体がある。小さな組織は、人材と資金面には大きな制約があるが、官僚主義から自由である分、大きな組織から移っても活躍できる余地がある。

すでにふれたフィンランドでは、一九九〇年前後の深刻な経済危機で大企業や中堅企業の事業縮小・再編が短期間に進み、外部労働市場に多くの専門人材が排出された。そのような高度専門人材が自ら起業したり、あるいは小さな企業へ移ることによってハイテク企業が多く生まれ、フィンランド経済の産業構造の転換に大きく寄与することになった。見落としてはいけない点である。

同様に、韓国では、サムソンや現代など財別系大企業の事業再編で、当初は分社というかたちで本社から分離され、やがて独立企業として、サムソン以外にも受注先を拡大し、大きな成長を遂げた事例がある。そのような小さな企業では、資金以上に技術やマネジメントなど高い専門性をもつ人材の確保が鍵を握る。小さな企業の発展にとって、いかに人材が重要であるかを物語る。

また、イタリアの小さな機械メーカーや繊維関係の企業の動態をみると、産地の老舗企業からスピン・オフによって、小さな企業が生まれ、その成長過程でさらにスピン・オフ創業が繰り返されてきた。このような人材の循環によって、産地全体の新しい経済環境への対応能力が高まってきた。いうまでもなく、この種の循環が世界でもっと活発なのは、米国カリフォルニア州シリコンバレーであろう(*)。そこには、ハイテク企業群のスピン・オフ起業文化が息づく。

*シリコンバレー――米国カリフォルニア州北部サンフランシスコの南部周辺の渓谷(バレー)地域の総称。シリコンを原材料とする半導体の製造企業が集積立地したことから、シリコンバレーと呼ばれるようになった。中心都市はサンノゼ市、サンタクララ市などである。米国ハイテク・ベンチャー企業の集積地の一つである。詳細はつぎの拙著を参照。寺岡寛『アレンタウン物語―地域と産業の興亡史―』税務経理協会(二〇一〇年)。

小さな企業が活躍の場を得て、生き生きと活動することは、既存の経済秩序や沈滞し既得権化した産業構造などへ大きな変革を促す。この点を強調して、強調しすぎることはない。企業のダイナミズムには、外務環境の変化に果敢に挑戦する新しい人、新しい組織、新しい取り組みが重要である。新しい試みが新しい小さな企業の設立を通じて実現できる起業文化の生起が必要である。

そのためには、日本の大企業文化＝メンバーシップ組織文化も、大きく変わっていく必要がある。大企業は、スピン・オフ人材を評価し、独立後の取引関係の構築にも積極的であるべきである。成長性を秘めた新しい小さな企業との取引構築が、大企業病の予防薬にもなる。

# 第一章　小さな企業の人生論

小さなビジネスを経営している人たちは、素晴らしい創造力に恵まれている。だが、しばしば、将来を思いめぐらすための思考幅を広げるだけの時間を欠いている。

（Michael H. Schuman, *The Local Economy Solution*）

輸入型の学問が主導権をにぎっている状態から、自前の学問を育て、その意味で日本の学問を自立させようとの志向……後者の志向は、ほかならぬ日本人の生活を対象にしているという点で強められた。

（鹿野政直『近代日本の民間学』岩波書店）

## 小さな企業の開拓者

### 1

企業規模の大小は、取引関係の範囲によって決まる。大企業は、取引範囲が大きいゆえに大規模である。ただし、取引範囲には、量的な尺度と質的な尺度があり、取引範囲の大小が企業の良し悪しを規定しているわけではない。あくまでその質の面と量の面を、わたしたちがどのように評価するかにかかっている。取引の関係性は、企業の本籍地＝国の「文化」でもある。その底流には、文化の内実である社会構成原理のあり方がある。

この意味では、輸入学問の分析ツールでもって、自国の小さな企業の生まれ方を分析すると、抜け落ちる領域がでてくる。輸入学問は、あくまで他国の経済社会的文脈の下で帰納的に導き出された一般モデルである。自国での慎重な演繹的作業なしに、無批判的に一般モデルを適用するのは困難だ。適用の仕方を修正するにしても、モデル成立の背景の考察なしには、そのような修正作業も難しい。

冒頭の引用にある日本人の生活を対象にする「民間学」は、もっぱら輸入に頼った官庁系学問とは異なる。演繹的取り組みのなかで、民間学は帰納的作業を繰り返して形成されてきた。

小さな企業に関わる学問もまた民間学でなければならぬ。小さな企業の生まれ方というのは、自らの生活を自分で開拓しようという生活者＝開拓者の生き方でもある。それにはいくつかのパターンがある。

（一）創業時から事業規模を拡大させた人たち。

（二）事業拡大を求めず、身の丈の範囲に止めた人たち。
（三）つぎなる事業拡大のステップを後継者に委ねた人たち。
（四）途中で事業の継続を諦めざるをえなかった人たち。

経営学がもっぱら分析の対象としてきたのは、（一）のパターンではなかったかと思う。その際に、分析の中核にあったのは、事業をとりまく「関係性」への着目であった。なぜ、資金力の限られた小さな企業で、事業拡大に必要な資金調達が可能であったのか。金融市場との関係性とはなにか。通常、信用力を持たない小さな企業にとって、資金調達には五つの「F」が頼りであるとされる。


一つめの「F」——自身の貯蓄という資金（Founder money）。

二つめの「F」——家族からの資金提供（Father money or Family money）。

三つめの「F」——友人・知人からの借金あるいは出資（Friends money）。

四つめの「F」——小さな企業へ資金提供（Fool money）をする奇特な人たち。

五つめの「F」——銀行など金融機関（Financial money）。


四つめの「F」はリスク性の高い事業への資金提供者＝ベンチャー・キャピタリストやビジネス・エンジェルである。小さな企業が、四つめ「F」に邂逅することはさほど多くない。いわゆるベンチャー企業＝短期間急成長型の企業の場合には、（一F）→（四F）の資金経路を取るが、日本ではまずは稀有である。通常は（一F）→（二F）→（三F）の過程から、五つめの「F」である金融機関へと関係性が広がっていく。

パターン（二）は二つのケースに分かれる。一つめは、意識して規模の拡大を望まないケースである。職人気質の創業者たちに多い。自分の技術や技能、商品やサービスの質にこだわる人たちでもある。二つめは事業の拡大を目指したものの、数々の失敗を克服できず、結果として、小さな企業にとどまったケースである。

パターン（三）はパターン（二）とも重なる。小さな事業が次世代後継者に引き継がれ、二代目の経営者がその事業を大きく伸ばすケース、そのままの事業規模で終わるケース、第二創業のように大きく事業を変えるケースなどがある。

パターン（四）は創業後五年までのいわゆる「死の谷」を乗り越えることができず、倒産や廃業に追い込まれるケースである。資金繰りの悪化ではなく、創業者が健康を害し、倒産ではなく、やむなく解散という残念なケースもある。

小さな企業の創業後の動きは、創業者たちの能力に依存するところが大きいが、創業時期や創業場所にも規定される。創業の時期がきわめて重要な要素である理由は、市場の潜在的成長性と大いに関係する。創業者たちが「運に恵まれた」と回顧するのは、ここらあたりの事情を示唆する。

シリコンバレーの伝説的な起業家やベンチャー・キャピタリストは、「数年早くても、数年遅くても、事業の成長はなかった」と成功要因を振り返る。わたし自身も、シリコンバレーのベンチャー経営者たちから、この種の話を何度も聞いた(*)。創業した時期がまさに新しい製品やサービスを市場が受け入れることのできた時期であった。数年遅ければ、すでに競合他社が一定数存在し、創業早々に価格競争などで苦戦したはずである。あるいは、新しい商品やサービスを受け入れる社会的価値観がまだ定着していなかったかもしれない。

*米国のシリコンバレーやフィンランドのオウルなどで、成功した起業家たちは、インタビュー調査のなかで、事業参入の時期を「幸運」として言及する。しかし、事業参入のタイミングは単に運ではなく、やはり、多くの成功者はその時期を窺っていたのである。成功した起業家が、すばらしい技術を持ちながら成功を逸した他の起業家を評するときに、事業参入のタイミングに言及することは、幸運のなんたるかの傍証でもあろう。

政治面でのタイミングには、その時期に規制が緩和あるいは廃止されたこと、閉鎖的であった海外市場が開放されたこと、経済政策によって有利な経営環境が整ったことなどが考えられる。

さらに、創業場所も事業の成否に大いに関係する。たとえば、高度な研究を行っている学術機関や研究機関が立地していると、先端技術に関する情報のスピルオーバー効果がある。また、そうした機関の関係者との公式・非公式の接触があれば、自分のアイデアがどの程度のレベルにあるのかもわかる。この意味では、地域の人的ネットワークは、立地選択の重要な要素の一つである。

重要なのは創業する場を選ぶフットワークの軽さである。地方から東京などの大都市圏への流出が止まらないのは、大都市のほうが機会にめぐまれる可能性が高いと認識されているからである。情報通信技術の発展によって、機会の不均衡を乗り越え、地方にいても距離からくるハンディキャップの克服が可能であるとする議論は盛んである。

フィンランドでも、どこでも起業活動は可能であり、地方で事業を拡大する新しいビジネスのあり方への期待があった。しかし、その後の社会学者などの調査では、結局のところ、地方で事業を立ち上げた後にヘルシンキなど大都市へ再立地する動きが続いている。その理由の過半は、外国企業も含め、大都市へ企業が集積していることにある。肝心の情報通信企業がその通信技術や通信網を利用して、地方へと展開していない。

かつては、小さな企業が大きくなるにつれ、工場や主要な営業拠点を地方に設けた。こうした動きは支店経済と揶揄されたが、支店などの地域経済への影響はそれなりに大きかった。それに対し、情報関連の企業は東京首都圏を中心とする本社のみの活動が突出している。理由はまとまった需要が首都圏に集中しているからである。情報通信技術の活用で世界は小さくなることを喧伝した情報系企業であったが、皮肉にも自分たちの事業の地方分散は、いまのところさほど進んでいない。

確かに、インターネットなど情報通信インフラの整備や情報端末機器の普及によって、人びとの物理的距離感は縮まった。だが、ビジネス上の心理的距離感はさほど縮まったわけではない。事業規模の拡大を求める開拓者たちは、受注の「狩り場」を大都市圏に求めている。

2　小さな企業の開拓者たちの生き方には、さまざまな人間模様が投影される。多くの人たちに感動を与える絵画や音楽のように、決して恵まれてはいない状況の下での事業展開・成功は、わたしたちに勇気と元気を与える。

事業を軌道に乗せるまでの道のりは長く厳しいものであったろう。彼らをそこまで突き動かしたのは、なにであったのか。「起業学」は、人を事業家として動かすものがなにであったのかを探る。大規模組織の維持・管理の学としての経営学とは異なる、起業学なるものがあって然るべきであろう。それは人間学であり、経済学、経営学、社会学、心理学などを統合させた総合学である。人のもつ「情熱（passion）」と周りの人たちを巻き込む「共鳴感（compassion）」の分析学でもある。

起業家たちの動機については、その時代〳〵の人びとの精神性の分析が不可欠である。起業動機は多くの人たちの内的な精神性であり、周りの人たちの共鳴や協力を呼び起こしたがゆえに、起業後も苦難の中で事業が継続された。

明治期から大正期を通じて、技術者出身の起業家を大きく突き動かしたのは、外国技術の国産化への凄まじい情熱――ナショナリズム――であった。技術者魂といって良い。それゆえに、技術的隘路ばかりを追い求め、他の問題を克服できずに行き詰ったケースや、技術的課題は克服できたものの、事業化資金が枯渇し行き詰ったケースもあった。そうした試行錯誤の下で、小さな企業を大きく成長させた要因には、国産化という当時の高揚したナショナリズムの他に、人材と資金源、そして、製品を取り巻く市場の好転があった。

それまで輸入に頼っていた産業機器が、第一次大戦によって英国やドイツなど欧州諸国からの輸入が途絶えたことで、小さな企業にも輸入機器を模倣し生産へと突き進むところが出てきた。

それらの製品は、欧州製と比べて、加工精度や加工スピードなどの点で劣っていたが、低価格であったことによって、高価な欧州製機器の購入が困難であった小規模工場（町工場）でも入手可能になり、町工場の機械生産が進展した。輸入途絶が小規模工場向けの市場を形成することにつながった。相手国の関税引き上げなどが、同様の結果をもたらすこともある。以上をまとめるとつぎのようになろう。

小さな企業の開拓者たちに必要な要件とは、まずは、個人の情熱と協力者の共鳴である。次に、既存事業や新規事業への二つの参入障壁――資本障壁と技術障壁――を克服できることである。前者は、製造業の場合には、設備や建物への投資資金に加え、創業時の材料購入や間接経費に当てる資金の調達力である。後者は、それぞれの産業分野に必要な経験や専門知識などである。その上で、市場・人材・資金が問題になる。

市場の飽和期に参入するのと、まだ競合者が少ない時期に参入するのとの、時間的違いは大きい。また、もっとも重要なのは人材の有無である。企業が順調に成長していれば、資金繰りはさほど大きな問題でなくなる。企業が成長しているにもかかわらず、資金繰りに窮して倒産にいたることもある。財務管理をきちんとできる人材がいれば回避できる。いずれにしても、次々と小さな企業の開拓者が現れ、活発な事業展開を開始し、経済や政治の大きな刺激となることで、わたしたちの社会は大きく活性化する。

わたしたちは、現在、前例のない少子高齢化社会に向かっている。そのなかで、多くの問題に政府など公的部門だけで対処することは、もはや困難である。さまざまな経済主体の多種多様な活動がますます必要となる。小さな企業の事業活動は、少子高齢化社会のきめ細かなニーズに適する。小さな企業の開拓者たちの誕生から模索の過程は、時代の変遷とともに変わってきた。これからも変わっていくことだろう。柔軟な対応を得意とする小さな企業誕生への期待だけではなく、それを支援する社会的価値観こそが追い風になる。

## 小さな企業の誕生論

1　人生において職業選択は、じっくり考えれば考えるほど、なかなかの難問である。英語やドイツ語などで職業にあたる言葉は、ラテン語源の「神のお召し」、すなわち、天職である。そのように考えれば、一生を通じて自分の人生を費やしても、惜しくない職業を選択する。これは難問以上の難問である。ゆえに、人びとは天職に出会うまで転職を繰り返す。そう考えれば、一生を同じ企業体で過ごすことは奇跡なのかもしれない。

多くの人は、卒業後の最初の段階で職業を選択する。だが、同一企業・同じ職種で退職まで働ける人は、どれほどいるのだろうか。わたしの同級生に限っても、理系・文系に関係なく、技術職で入社したあとに、総務や営業の部門で退職した人は珍しくない。研究職で入社して、研究部門のトップで退職した人もいるが、あくまでも少数である。

天職＝職種であるとすれば、マーケターとして入社し、マーケターとして退職する。あるいは、財務専門家として一貫して経理部門で過ごし、退職する。設備設計の技術者として入社し、退職する。ただし、その間に数社を経験する。これは、日本の企業社会では、あまり聞くことのない事例である。わたしが国際比較のフィールドとしてきた米国やフィンランドでは、とりわけ技術職で、そのような事例はそれなりにある。理由は、日本のように「真っ白」な学生を採用し、その後、社内部署に配置し、能力や実績をみて配置転換を行う「人事管理制度」とは異なる制度が、あるからだ。

まず、プロジェクトありきである。プロジェクトに必要な人材を採用するのが普通である。日本では、まずは新規学卒採用ありきである。前者のような制度では、プロジェクトが達成されなければ、プロジェクト・チームは解散する。必然、メンバーはそこで培われた自分のスキルや専門知識とともに、つぎの組織やプロジェクトへと移っていく。組織といったのは、営利企業だけにかぎらず、研究機関や大学、役所もあるからだ。

どこの国や地域であろうと、若い人たちにとって職業＝天職を探すことは骨の折れる試行錯誤なのだ。だが、日本では、新規学卒一括採用がシステム化され、現在では民間企業の就職ウェブサイト上でのエントリーシートのやりとりで、マッチングが展開する。このやり方は簡単なようで煩雑である。短期間に多くの求職者が集まる。募集数に対してとんでもない数のエントリーシートが寄せられ、現在ではその選別に人工知能を使うところも出てきている。

音声対応できる人工知能相手にコンピュータ画面やスマホ画面を通じて、面接することも可能になった。応募する側も人工知能によって過去問に対応し、場合によってはエントリーシートも人工知能ソフトで作成するのだろうか。これはまるで笑い話だ。人工知能が作成したエントリーシートを、人工知能が判断する。そこに生身の人間の存在感はない。

高度成長期の市場拡大に支えられ、成長を遂げた日本の大企業では、世界経済との関係でそれなりに事業再編と従業員の再配置を繰り返してきた。そのことで、新規学卒一括採用での長期雇用制度＝内部労働市場型を維持してきた。基本的に、社内の人材プールを維持しつづける事業の拡大があり、年功序列賃金体系やポスト提供が可能であった。

だが、グローバル経済化の方向にあっては、直接外国投資＝現地事業の拡大により、海外での雇用拡大と国内事業所の縮小再編が進み、それまでの国内人事制度を維持できなくなった。新規学卒の採用数は減少し、他方で、高齢化する社内人材の年功序列賃金体制の維持のために、外部労働市場と連動させた人事配置が導入されていった。とりわけ、対象業種が限定されていた労働者派遣法の規制緩和は、きわめて広範な影響を及ぼした。結果、現在、日本の大企業を中心とする雇用構造は、かつての内部労働市場優先型から、派遣社員、パートタイマー・アルバイトなど非正規労働者の外部労働市場との連動型へと移行した。

同一労働・同一賃金という本来の労働原則の下では、正規と非正規の間に横たわる賃金水準を含む労働条件の差異の解決に、つぎのような形式的オプションがある。一つめは非正規労働者の正規職への引き上げ、二つめは正規労働者と非正規労働者との中間職の導入、三つめは正規労働者の非正規職への引き下げである。

一つめのポイントは、多くの企業が、正規職に比べて労働コストが相対的に低い非正規職の雇用へシフトしてきた動きを、逆行させることである。それには、同一労働・同一賃金の労働基本原則に沿った社会システムの導入が不可欠である。しかしながら、長期間にわたって労使双方の合意の下、政府もそれを後押しする方針を進めてきたオランダや北欧諸国とは異なり、日本ですぐに可能とは思えない。日本の場合は、名目賃金だけではなく諸手当（フリンジベネフィット）などを含めた企業内福祉制度の企業間格差や、正規と非正規の雇用形態間格差もある。

二つめは非正規職からみれば改善でも、正規職からみれば改悪＝賃金引き下げである。容易に進展しそうもない。三つめの正規職を非正規職と同等の基準とすることは、一部の高度専門職を除き、強い反発が予想される。

こうしてみると、個人として改善を試みるには、同一企業内での正規職へ移行、正規職を求めている他社への転職が現実的である。しかしながら、日本社会の場合、年齢、性別や居住地域によって、このような対応が必ずしも容易ではない。よく考えてみると、規模別賃金格差が産業別や地域別の労働需給によって是正された高度成長期においても、その恩恵にあずかった人たちは少なかった。そのなかで、もう一つのオプションであったのが、みずから小さな企業の開拓者になることであった。町工場や町の商店はそうして生まれてきた。

いま、開廃業率では、開業率を上回るペースで高い廃業率が続く。一九八〇年代にもう一つのオプションとして小さな事業を起こした年齢層は、定年制のあるサラリーマン層よりは一〇年以上長く働いてきた。とはいえ、続々と退職する時期となってきた。この現象が日本経済にとって、大きな問題を産み出している。

他方で、総人口減少と少子高齢化に象徴される年齢構成の変化が顕著な地域では、企業数の減少も顕著である。日本経済は、これまでの拡大均衡から縮小均衡へと移行してきたのである。これ自体は市場経済のメカニズムが作用した結果であり、自然なことではある。では、市場の規模縮小以上に、企業数の減少が大きくなることがあるのだろうか。

2　経済に限らず、社会現象には「慣性力」と「加速度」が同時に作用する。状況が変化したとしても、社会的価値観などが一晩で一変することなどありえない。状況が変わっているにもかかわらず、過去の「慣性力」が一定期間働くことで、状況が改善されないことは多々ある。このことが、人びとが状況改善の意識を高めるまで、状況の悪化を「加速化」させる。

開廃業率の動向をみると、廃業率を補う開業率の上昇を担う社会層に何か大きな変化が起きている。結果として、状況の改善が見られていない。何が問題なのだろうか。先にみた、創業をもう一つのオプションとしていた社会層は、どのように変化したのだろうか。結論を急ぐ。理由は、新規学卒などの若年層には、開業の選択よりも、既存企業への就職の方が困難でないことである。

かつては学歴が中卒という者なども多く、彼らの大企業への就職機会は限られていた。彼らは町工場や町の商店に就職したものの、それらは決して安定的な就業ではなかった。就業先の倒産などもあり、自ら小さな企業の開拓者となるもう一つのオプションは、収入安定の道であったのだ。

かつての東京の蒲田や東大阪の町工場には、東北地方や九州地方から義務教育を終え、集団就職で故郷を離れて働き始めた若者も多かった。その後、就職した町工場を移って、「渡り職人」となる者もいた。転職の理由は、倒産などによって、他の工場へ移らざるを得なかっただけではなかった。なかには、積極的に自分の技術や技能を向上させるため、数社で修行を重ねる者たちもいた。彼らは二〇歳代後半から三〇歳代前半で独立して、自ら工場や商店を立ち上げた。

現在の若者たちのなかにも、就職したものの、必ずしもその処遇に満足が得られず、みずから転職する道を選択したり、あるいは小さな企業の開拓者となるケースもある。だが、そのような人たちは、かってほどは多くはない。また、長期間に働くつもりであった就職先で、事業再編による雇用削減や倒産による失職、他企業との合併による雇用調整によって、やむなく新たな職探しを迫られる人たちもいる。その場合、自らを雇用する自営業的創業に踏み切るオプションもある。たとえば、数の上では、飲食店などの開業は容易であるが、浮き沈みも激しい。

意図した創業か、あるいは、意図せざる創業か、どちらの成功率が高いのか。いろいろな調査もある。概ね前者を評価する結果が多い。実際には単純なものではないだろう。この種のアンケート調査の回答には、多少失敗であっても、それなりに見栄を張って答えたくなるのが人間の心理である。わたし自身のヒアリング調査などからは、創業にはタイミングがあるように思われる。景気による消費動向に加え、参入先の事業分野における競争状況も大きく影響する。

もし、意図した創業の成功率が高いとすれば、理由は、創業までに十分な準備期間があり、創業のタイミングを選択できた点にある。意図せざる創業の場合は余裕がなく、準備不足の上に意図せざる時期に創業に踏み切ったのである。本人の才能や能力に関係なく、「運」というものもビジネスにはついて回る。それゆえに、小さな企業の開拓者の模索が続く。

## 小さな企業の模索論

1　同一業種が特定地域に集積した地場産業の産業史を紐解くと、最初に小さな事業を始めた開拓者たちの個人史に気づかされる。大阪府下の地場産業を足で稼ぐように実態調査した日々を送ったわたしの二〇歳代は、このことの気づきの連続であった。なにごとにも、創始者はいるのだ。

同一業種が集中立地することで、多くの地場産業は工程間分業を維持・拡大してきた。小さな企業は時に同業者と競争し、時に協力し合う。そうした競争と協力を繰り返しながら、産地というかたちで産業が形づくられた。これが地場産業の大きな特徴の一つである。最初からそのような関係が形成されていたわけではない。どの産地にも、その地で創業したパイオニアたちがいた。創始者＝パイオニアたちは、多くの場合、他業種から参入した事業家でもある。

地場産業には、江戸期の農家の副業にルーツをもつ伝統的業種も多い。明治以降に外国から輸入された製品を見様見真似で、つくることから派生した業種――近代移植型――もある。この場合、農家の次男や三男が徒弟奉公的に修行して、のちに独立するスピン・オフ型創業が一般的であった。そのようなパイオニアたちの成功をみて、製品やサービスのやり方を模倣する人たちが現れた。あるいは同業種からのスピン・オフが繰り返されることで、同一業種が特定地域に集中立地する構造が形成された。

模倣行動には産地活性化の効用もあった。多くの人が模倣によって同種の製品をつくれば、やがて問屋などによって買いたたかれ、製品の値崩れが起こる。必然、産地の生産者たちは新たな対応を促される。こうした市場の変化の下で、産地としてのイノベーションへの取り組みが始まる。

「イノベーション」は、未だに適切な日常的な日本のビジネス用語に変換されているとはいいがたい言葉の一つである。平たくいえば、他社とは異なる製品づくりやサービスを提供することである。それらの製品・サービスはできれば、単純な模倣が困難であり、イノベーションへの取り組みにかかった費用が十二分に回収されるまで、市場で優位を占めることが望ましい。

大阪府には多くの地場産業があることはすでにふれた。大阪の周辺部は江戸期に綿作が盛んであった。農家の副業として木綿織や撚糸が作られていた。だが、明治中期以降は衰退した。農家の若者は職を求めて大阪市内などへ出て、ブラシ、貝ボタン、伸線、金網、理器などの工場の徒弟となり、技術を身に着けた。

その後、彼らは帰村して自ら生産に乗り出した。手作業中心の作業場の開設は、小資本で可能であった。同じような作業場と分業関係を取り結んだこともきわめて資本節約的であった。安価な賃金ということでは、農村での内職的外注利用が可能であった。

伸線の場合、東大阪の枚岡地区に集中した要因としては、農村での低賃金利用のほかに、動力源としての水車利用が可能であったことが大きい。前史としては、カンザシの前工程を請け負った加工業者の存在があった。伸線の生産は、やがて二次加工品である釘や金網の加工へと展開した。さらに、鉄の加工技術はジャッキやバリカンなどの理器、ペンチやモンキーレンチなどの作業工具へと産地を転換させていった。

大阪には、職人たちが既存企業で技術を身に着け、スピン・オフして小さな工場を創業し、さらにその工場からも独立する職人が出てくる循環——ビジネス・エコシステム——があった。東大阪は鋲螺、いわゆるリベット、ボルト、ナット、ねじの生産地ともなっている。いずれも伸線の二次製品群である。リベットなどは大阪の造船所が市場であった。

地場産業などの産地における小さな企業の生まれ方は、概してそのようなものであった。米作や綿作などの農業で生計が維持できれば、若者は、その地にとどまり自分たちの生活を再生産していける。農家の次男や三男が都市圏へと流出したのは、生まれ故郷の農業で将来の生活を展望することが困難であったからだ。

現在では、小さな企業を創始することが少なくなった。なかには、「鉄は熱いうちに打て」と言う元気な起業評論家たちもいて、大学生・高校生ではもう遅い、義務教育段階で早期に起業家教育を行うべきだと主張する。小学生のころからの起業家教育の必要性が、まことしやかに述べられたりもする。だが、先の例でもわかるように、創業には個々人の動機づけ以上のなにかが必要である。

その時代〳〵の経済社会的な背景が大きい。現在の若者たちの創業率が相対的に低下した原因は、創業が社会的に促される社会的要因の低下＝弱体化である。手短にいえば、創業するより就職することにより大きな恩恵があり、きわめて楽なのである。就職が容易であれば、人がスピン・オフする動機は強くならない。

しかし、現在、「ワーキングプア」問題を抱える社会層が存在する。彼らがそこから抜け出せない状況を注視すべきだ。そうした賃金格差の根源にある、理不尽で不公正な制度的障害に目を背けては、真っ当な起業家教育論議は期待できない。賃金格差に象徴される状況のもっとも現実的な解決策の一つは、創業による個人的解消である。非正規職、女性層、移民層などの社会層による創業の動向を注目しておいてよい。

2　中小企業の実態調査・研究に先駆的な役割を果たした地方自治体の研究機関に、大阪府立商工経済研究所(*)がある。同研究所が残した業種別の膨大な実態調査報告書は、日本の中小企業の変遷を知ることのできる貴重な知的財産である。同研究所の業績に、磨棒鋼の小さな工場を対象にした興味深い調査報告書『小零細工業の実態―その一・磨棒鋼製造業における小規模事業所の存立形態を中心に―』(昭和三九〔一九六四〕年)がある。紹介しておきたい。

＊大阪府立商工経済研究所の詳細については、つぎの拙著を参照。寺岡寛『中小企業政策論―政策・対象・制度―』信山社(二〇〇三年)。

磨棒鋼は、機械に使われるシャフトや金属部品、ボルト・ナット、ねじ類の材料で、ダイス――線材の外形加工用工具――で大径の棒鋼を挽き、さらに中径や小径など部品形状やサイズにあわせて加工する産業である。同報告書は、調査対象となった三〇社の経営実態を設立時期別につぎのように整理している。

（一）戦前期設立企業一四社――大正期の設立二社、昭和戦時体制以前の設立九社、昭和戦時体制期の設立三社。
（二）戦後期設立企業一六社――昭和二〇年代の設立一二社、昭和三〇年代の設立四社。
こうしてみると、戦前から操業している工場があるものの、敗戦後の昭和二〇年代にも多くの磨棒鋼業者が生まれていた。背景に、戦後復興期の旺盛な鉄鋼製品の需要があった。そうした工場主と前職との関係は興味深い。つぎに整理しておこう。
（一）戦前設立企業一四社――磨棒鋼問屋から転換創業一社、鋼材問屋から独立創業一社、企業整備令による合併創業二社、伸線業者の工員から独立創業一社、不明九社。
（二）戦後設立企業一六社――磨棒鋼工場の工員から独立創業二社、実兄の磨棒鋼工場から分離創業一社、磨棒鋼工場事務から独立創業二社、磨棒鋼問屋から転換創業一社、伸線業者工員から独立創業一社、ボルト・ナット工場から転換創業一社、カメラ工場工員から独立創業一社、鋼材問屋から転換創業二社、機械工場から転換創業一社、鉄工所工員から独立創業一社、企業整備令による廃業から再度創業一社、歯車工場から転換創業一社、その他業種から転換創業一社。
同報告書は、こうした小規模な磨棒鋼工場の存立基盤は、材料費の占める比重が高いために「安い材料をいかに利用するか」、そして「低賃金労働力をいかに確保するか」であり、そのため、近代的設備の導入が阻まれていると結論づけている。ある程度の加工技術を身につけ、安い材料を確保し、長時間かつ賃金的にも無理の効く家族労働でなんとかやりくりする。当時の小さな町工場の息遣いが伝わってくる。

繊維についてもみておく。大阪府立商工経済研究所『小零細工業の業種別実態—丸編メリヤス・横編メリヤス・くつ下製造業—』（昭和四八〔一九七三〕年）が参考になる。同報告書では、靴下製造業の経営者の出自を紹介している。当時からくつ下生産が盛んであった、奈良県の六社の事例が対象であった。

（A社）——創業は昭和四二〔一九六七〕年、経営者は昭和一三〔一九三八〕年生まれで創業時の年齢は二九歳。靴下工場の工場長から独立。家族二人と従業員二人の規模であった。経営者は大学卒。

（B社）——創業は昭和二五〔一九五〇〕年、経営者は昭和四〔一九二九〕年生まれで、創業時の年齢は二一歳。大阪市内の食料品問屋から独立。従業員は一三人（うち女子は九人で包装工程の担当）。

（C社）——創業は昭和三〇〔一九五五〕年、経営者は昭和二〔一九二七〕年生まれで、創業時の年齢は二八歳。前職は地方公務員であった。夫婦二人で操業。

（D社）——創業は昭和四一〔一九六六〕年、経営者は昭和一三〔一九三八〕年生まれで、創業時の年齢は二八歳。地元の靴下メーカーから独立。夫婦二人で操業。

（E社）——創業は昭和九〔一九三四〕年、経営者は昭和二〔一九二七〕年生まれで、二代目。従業員は一三人（うち女子は一〇人で平均年齢は二〇歳）で九州出身者が多い。
（F社）――創業は昭和二五［一九五〇］年、経営者は昭和二［一九二七］年生まれで、創業時の年齢は二三歳。農家であった。従業員は三人。土地などの資産を利用しての創業。将来は廃業を計画。

いずれのケースも、創業者は、ある程度の技術を身につけた二〇歳代の若者である。金属加工や機械加工と比較すれば、繊維加工は軽作業でもあり、夫婦で家内工業的に創業した。報告書は、当時、こうした夫婦での無理の効く工場運営が、すでに曲がり角にきているとみていた。「昭和四〇年代に入ると、労働力不足、高賃金、原材料、製品安のもとで、低賃金に依存し、低生産性を長時間労働でカバーしてきた靴下製造業をはじめとする中小零細層の存立基盤がゆらぎはじめている」とされた。

当時の調査員は、小零細工場＝小さな企業の存立基盤を、低賃金とこれを支える家族中心の生業――家計と企業会計との未分離――に求め、この種の事業の発展可能性に疑義を示した。その根拠には、高度成長下、労働需給のひっ迫によって、着実に労働賃金の上昇――同時に物価も――が続いたことがあった。事実としては、賃金は確かに上昇したが、同時に作業の機械化も促された。機械化が従業員の不足を補い、それなりの対応は進んだ。だが、見落としてならないのは、小さな工場が低賃金依存構造から完全に抜け出したわけではなかったことだ。

より正確に言えば、低賃金でしか働くことのできない社会階層のプールがつねに存在していた。たとえば、就職先が限定されていた中高年層や女性層は、その種の小さな工場で働かざるをえなかった。とりわけ、下請取引において、親企業には、そのような小さな工場を利用することのメリットが大きかった。

こうしたなかで、取引先企業の立地移転や事業縮小によって、新たな取引先の開拓を迫られた小さな企業も多かった。あるいは、高騰する賃金によって、一層の機械化を迫られた。そのための資金調達が困難であった小さな企業は、やがて市場から退出を迫られた。

## 小さな企業の苦労話

1　前述の調査結果からもわかるように、小さな企業の苦労は、昔も今も「人材確保」、「資金調達」と「市場確保・開拓」の三点に集約できる。自社製品にこだわる小さな企業の経営者にとって、自社ブランドを創り市場へ浸透させる苦労、売り先を新たに見つける苦労、これらにかかわる資金を調達する苦労の三つは、定番の回顧話である。

市場開拓については、独立の際には、まず下請取引を優先する。下請取引は、自主独立型のマーケティング開拓と比べ、市場参入の敷居が比較的低い。だが、不安定な取引関係や厳しい取引条件の下で、やがて、多くの経営者たちは自主（社）独立を目指す。脱下請けへの取り組みである。

前述の大阪府立商工経済研究所は、昭和三〇年代後半の「小零細企業」の状況を整理して（『小零細工業の合理化の実態―特に、投下資本の生産性、資金繰りと金利負担の分析―』昭和三九〔一九六四〕年）、小さな事業体の特徴を、つぎのように列記する。

(一) 個人企業的性格が強く、経営者は小零細企業の従業者より身を起こした人が多い――個人企業的な経営マインド。
(二) 家族従業者を使用している――家族経営依存の形態。
(三) 繊維製品や食料品では女子従業者が多い――女性の職場。
(四) 自らも外注下請けを利用している――孫請けの再利用。
(五) 企業会計と家計の混交――経営と家計の未分離。
(六) 経理処理の曖昧性――いわゆるどんぶり勘定。

このような小さな事業体＝「小零細企業」の実態調査は、機械・金属など業種別にも行われた。同研究所の『小零細工業の実態』シリーズ（昭和三九〔一九六四〕年）をみておこう。

「わが国の小零細企業は生業的で且非近代的な企業が非常に多い……このような小零細企業のあり方は他方では過当競争、そして非常に著しい事業所の開廃という中小企業問題、あるいは社会問題として現われ、さらにそれはわが国産業構造の高度化を阻むものとして注目されている。わが国の中小企業政策はともすれば中堅企業の育成に重点が置かれているが、中堅企業の育成を達成させるには小零細企業に対して、こうした小零細性を脱皮させるような諸政策が必要……この数年来の技術革新、高度成長をつうじて、わが国の産業構造はかなり変わりつつあるが、それと関連して従来から中小企業、とりわけ零細企業の存立条件としての非近代的技術、低賃金労働力、あるいは多種少量生産などの点に変化がみられ、小零細企業の再編が進行しつつあるようである。」

同研究所の調査からは、機械工業での小零細企業の存立形態については、「大企業の再下請企業」が多いこと、存立基盤は「低賃金労働力」であったこと、大企業の急速な成長の下での部品や加工などの再下請取引の拡大で、小零細企業の増加の余地が大いにあったこと、がわかる（『小零細工業の実態―その六、機械・金属工業―』昭和三九［一九六四］年）。同報告書は、このあたりの当時の事情をつぎのように紹介する。

「小零細企業が増加したのは市場が拡大したと言っても、他方にはそうした市場の要請に応じるような小零細企業が創設されねばならないことは言うまでもない。言いかえると、そうした市場の拡大もそれに利用できる小零細企業が相ついで創設されたからである。このような小零細企業が容易に創業されるのは市場事情もさることながら、一つには創業しようとする人々が多いと言うことと、それらの企業で働く人がいると言うことがなければならない。

創業しようとする人々が多いのは已に小零細企業が広範に存在して、それらの他業種からでも転換できること、あるいはわが国の労働者の労働条件が低く、不安定であることから当然なことであるが、最近注目されるのは小零細企業で働き度と言う若年労働者が減少してきたことである。小零細企業の雇用労働者は大企業の離職者、中小企業間の浮動的労働者、あるいは徒弟的な若年労働者が中心であると言われていた。ところが、最近大企業では熟練労働者の不足はもとより、若年労働者の雇用難に直面している有様で、とくに中小企業では著しく雇用難となり、若年労働者の雇用は殆ど不可能であると言われる業種も現れている。」

さらに、報告書は、調査対象企業の賃金水準について、「平均からすると、中小企業労働者の賃金は大企業よりもいぜんと低いことには変わりないし、その理由が三五才以上の中高年齢層にあることがわかった。このことは、少なくとも現在のところでは、三五才以上の層には大企業よりもずっと低い労働賃金で働く人々がいることであり、それが中小企業、とりわけ、小零細企業をも支えているし、また小零細企業がとやかく言われながらも増加する要因となっていることを物語っている。このように、機械工業の発展のなかで、若年労働者の不足と言う存立条件を失いつつも他方では、中高年齢の低賃金労働力を基盤としていぜん根強く、存在」している、と指摘した。

次に、小売業については、「パン小売業」の実態調査が行われている（『小零細商業の実態―その一・パン小売業―』昭和三九〔一九六四〕年）。大阪市と郊外都市の岸和田市(*)が対象であった。経営者は女性経営者が男性経営者よりは多く、年齢では男性では五〇歳以上、女性では四〇歳以上が過半を占めていた。

＊岸和田市――大阪府下南部の都市。江戸期には岡部氏五万石弱の城下町。和泉木綿の集散地。岸和田港で臨海工業用に埋め立て工事が行われ、大阪鉄鋼金属団地が進出。繊維や機械工業を中心に発展してきた。一九二二年市制。隣接

するのは繊維産地の忠岡町。毎年九月と一〇月に行われる岸和田地車（だんじり）祭りは有名である。

同報告書は、パン小売業には小売販売のみと製造兼小売りがあり、また雇用従業者をもつ「本業経営」と「所得補充的な内職的経営」の二つの存立形態があると指摘したうえで、後者の存立形態の小売店舗が多いとしている。また、女性経営者の場合には、中小零細企業に勤める「主人の給料」を補う主婦の内職的経営が多いことを指摘し、その種の内職的経営の将来について、つぎのように述べている。

「中高年齢者層を中心とした相対的過剰人口と労働市場の封鎖性、低賃金構造、社会保障の貧困等一連の問題が派生していること……このような基盤の変化が起こらないかぎり内職的経営はかぎりなく新設再生産されうるが、一方において流通革新が急速に進行する中で、小売店舗の大型化と販売技術の高度化によって、零細小売店はいうに及ばず内職的経営では競争から脱落することが必至となるであろう。……零細パン小売店では没落消失と新生の循環をくり返しながら、ある部分では専門店から総合食品販売店へ大型化するものもでてくる可能性もあり、この意味から対策を考える場合、本業としての小売店と内職的経営の小売店を区別して、それぞれ違った観点からの対策の考慮が必要となろう。」

ここで、昭和三〇年代の小売業について紹介したのは、その構造が現在どの程度変化を遂げてきたのか、あるいは、表面的なかたちを変えつつも、実質的に再生産され維持されてきているのか。これらの点について考えることが重要であるからだ。

結論からいえば、内職的な経営の小売店舗は大きく減少した。しかし、そこから経営規模を拡大させたわけではなく、なかには、コンビニエンス・ストアのフランチャイズへと形態を変えたことで存続したところもあった。大手小売業のコンビニエンス・ストアの全国的フランチャイズ展開(*)が、日本の小売業に与えた影響は実に大きかった。

*フランチャイズ・システム――任意連鎖店（ボランタリー・チェイン）と並ぶ販売形態の一つである。特徴は、フランチャイザー（チェイン主催者＝本部）の下で、チェイン加盟店（フランチャイジー）が契約料のほか、売上額などに応じて手数料を支払い、立地地区での独占的販売権を得て、本部の経営指導を受けつつ、事業を展開できる点にある。チェイン主催者からすれば、少ない資本で加盟店の資本力を利用しながら、多店舗展開ができる。フランチャイズ・システムは、もっぱら米国で小さな企業を短期間に急成長させた手法であり、現在もさまざまな小売業やサービス業で応用されている。

## 2

小さな企業の経営課題は、多岐にわたる。そのすべてが、「小ささ」に起因するわけでは決してない。成長を阻害している経済社会的な諸要因も多い。小さな企業を取り巻く課題にも、ミルズのいう個人的領域と社会的領域の二つがある。それらを峻別することなく、解決策を見つけ出すことはできない。

前述した小さな企業にとっての三大課題――人材、資金、市場――を克服できないケースが、一〇〇

○社のうち数社のみであれば、経営者の個人的な問題である可能性が高い。だが、数百社あれば、それは社会の問題、あるいはビジネス・エコシステムの問題である。

この問題の解明には、小さな企業の開拓者たちの供給源である社会層の分析が不可欠である。前述の大阪府立商工経済研究所の調査結果からは、小さな企業の創業者には、大阪だけではなく九州や四国などの地域の出身者もいることがわかる。大阪市内や周辺都市の小さな工場や商店が、創業に備えて技能や技術などを修得する場所、いわば創業の中継地＝苗床となっていたのである。

この視点から、小さな企業の開業率の低下をとらえると、創業につながる中継地が縮小化していることが低下の原因の一つといえる。もちろん、そうした中継地への供給源そのものの縮小もある。

小さな工場が集積し、日本の機械金属工業を支えてきた東京都大田区では事業所数が一九八〇年代半ばあたりをピークとして、現在はその四割程度に減少してきている。東大阪市でも同時期に製造業の事業所数は減少してきた。

確かに、小さな企業は減ってきている。小さな企業の苗床機能も落ちてきたのだ。そうだとすれば、他の創業の中継地＝苗床はどうだろうか。(*)

＊東大阪市は東京都大田区と並ぶ中小零細製造業の日本の代表的な集積地として、広範な調査が実施され、多くの研究報告書が発表されてきた。しかしながら、二〇〇八年のリーマンショックを挟んで、両地域とも製造業、とりわけ、機械金属業の工場数や従業員数の縮小が進んだ。この傾向は、東京の特別区や隣接の横浜市、家電や電子機器の地盤

が低下した大阪市、自動車産業の中心であった名古屋市、浜松市でもみてとれる。減少幅からすれば、東大阪市の北部に接し、三洋電機の本社が立地していた守口市や、パナソニック（松下電器産業）の本社が立地していた門真市がきわめて大きい。

守口市や門真市は、親企業の部品や加工を受け持つ中小零細工場が数多く立地してきた、典型的な企業城下町であった。三洋電機はパナソニックに吸収合併され、パナソニックは国内他事業所への移転や海外事業の展開による国内事業規模の見直しを行った。結果、将来に展望を見いだせず、承継者を確保できないままに廃業する中小零細企業が増えた。中堅企業や上層の中小企業には、取引先企業の域外移転に対応しての再立地が選択肢としてありうる。他方、中小企業、とりわけ、零細企業の他地域への再立地はきわめて困難である。かつては、特定産業における親企業=大企業の成長によって、下請関係にある企業も成長し、そこからスピン・オフする企業も増えることで、産業集積が形成されてきた。このメカニズムが崩れることで、企業を育てる「地下水脈」の枯渇が起こった。地域経済の発展が大きな制約を受けることになった。

高学歴化と新卒一括採用という制度の下、若い人たちにとって、大企業や中堅企業、あるいは優良中小企業への就職が大きな目標となっている。創業は、就職後の人生の第二あるいは第三の選択肢にもなりえてはいない。

いまもむかしも、若者は試行錯誤しながら知恵をつけ、経験を積むものだ。学校を卒業した時点で、人生という長期レースを決定することなど、実際には困難なのだ。「転石、苔を結ばず」の諺もある。だが、転石=転職することもあってもよい。

実際のところ、日本社会では、同業種内で大企業から大企業への移動は、高度専門人材など一部を除いて多くない。多くの場合、中小企業から大企業へも流れていない。そうだとすれば、大企業から中小企業や小さな企業への流れはどうなのか。

大企業や中堅企業は、小さな企業のパイオニアたちの新たな供給源とはならないだろうか。そうなれば、日本的経済社会のあり方にも影響が及ぶのではないだろうか。

小さい企業の創業には、従来の小さな企業から小さな企業という流れのほかに、大企業から小さな企業へ、中堅企業から小さな企業へという、流れの多様化が進むことがポイントである。創業資金などの問題もあろうが、この創業への流れは既存の産業に刺激となり、日本経済の活性化に大きな役割を果たす。

# 第二章　小さな企業の成長論

日本の伝統的発想においては、人間関係は対等即ち横の等質の組み合わせで考えられず、タテの支配と従属としてしか存在していなかったからである。日本では横の人間関係が厳しく考えられる時は、人間相互を結びつけるようにならず、遊離、遁走という離反関係を呼び起こしがちなのである。

（伊藤整『近代日本の発想の諸形式』岩波書店）

## 小さな企業の経営論

1　もっぱら、企業経営を対象とする経営学は、経営上の汎用モデル――模範パターン――を求めて止まない。だが、経営モデルは、対象と条件によって、その内実が大きく規定される。この意味では、汎用モデルでは説明しきれない。大規模な組織体と小規模な組織体とでは、経営モデルは異なって当然である。小さな企業でも、それなりに大きな組織となってしまった場合には、以前の小規模な事業体とは異なる経営のスタイルがある。

企業は、事業規模に応じてつぎのような範疇に分けられる。

（一）小さな企業（my company）——小規模事業体と言い換えることもできよう。小規模企業といってもよいのだが、企業とまで言い切れない夫婦単位の家族経営体が多い。「生業」といってもよい。家計と事業会計が実質上未分離のところもそれなりにみられる。かつては、工業の場合は家内工業と呼ばれた。商店街にも家族経営の商店が多くあった。住居と事業場が同一建物のなかに同居していることが普通であり、こうした環境は、長時間労働を可能にさせていた。小規模企業に関する日本の法的定義は、常用雇用者数二〇人以下の会社および個人事業所（卸売業、小売業、飲食業、サービス業——宿泊業、娯楽業を除く——では五人以下）である。

（二）中小企業（our company）——事業規模の拡大に応じて、正規あるいはパートなどの有給雇用者を雇い入れ、家計と事業会計が分離された企業体である。日本の法的定義では、常用雇用者数で三〇〇人以下（ゴム製品製造業は九〇〇人以下、旅館・ホテルは二〇〇人以下、卸売業・サービス業——ソフトウェア業、情報処理・提供サービス業、旅館、ホテルを除く——は一〇〇人以下、小売業は五人以下）、または資本金三億円以下（卸売業は一億円以下、小売業・飲食業、サービス業——ソフトウェア業、情報処理・提供サービス業を除く――は五〇〇〇万円以下）の企業である。

（三）大企業（your company）――中小企業と大きく異なる点は、大企業の場合、ほとんどが株式公開されていることである。所有と経営が分離されているのが通常である。

すべての企業をこの三つの範疇に分類することは、さほど現実的ではない。三つの範疇はあくまでも概念的である。大規模になった企業でも、小さな企業と同様に家族的経営（ファミリー・ビジネス）の色彩を残しているところもある。だが、その組織原理は小さな企業段階と同一ではない。事業規模の拡大は、経営に質的変化をもたらす。このことを確認しておく必要がある。

生産規模や事業範囲の拡大は、事業が対象とする市場の拡大を前提とする。前述の企業の規模の範疇が（一）→（二）→（三）と移行するのは、「地域市場」→「全国市場」→「世界市場」へという市場の拡大に対応した結果でもある。それに伴い、人材採用、資金調達、資材調達、物流機能も変化する。すなわち、人材の採用、つまり労働市場も、「地域」→「全国」→「世界」へと広がり、資金の調達も「地域の金融機関」→「全国展開の金融機関」→「世界的に展開している金融機関」へと変化する。他方で、株式や社債の発行など直接金融の道も確実に開ける。

ただし、金融技術の発達や人びとの経済観や社会的価値観の変化によって、これらの三形態間の壁は以前よりはあいまいになってきている。金融市場では、株式の上場条件が緩和された。店頭市場が登場し、（一）や（二）の段階でも上場が可能になった。(*) 技術面でも、自動制御機器や省力機器の導入が進んだ。製造業では、かつては数十人がかりでこなしていた加工が、数人で可能になっている事例はいくらでもある。

＊一般に、証券取引所＝売買市場以外の市場での店頭取引を指す。米国を中心に、一九八〇年代のベンチャービジネス・ブームに呼応するために、株式市場の制度改革が進められた。結果、上場（登録）基準が緩和され、公募時の時価発行増資も認められた。情報通信技術の発達もあり、店頭気配の自動伝送システムも整備され、個人投資家もコンピュータ端末機から株価気配などが瞬時に把握でき、取引ができるようになった。わたし自身も、当時、創始されたばかりの米国のNASDAQ（National Association of Securities Dealers Automated Quotations）のワシントン本部を訪れ、技術者たちからシステム概要をヒアリング調査したことがあった。

事務作業でも、効率的かつ労働節約的な事務用機器やソフトウェアの導入によって、少人数での管理事務作業が可能になっている。かつては、事務作業のコンピュータ化などはシステム開発の費用負担が大きく、一部の大企業だけが可能であった。現在では、コストパフォーマンスの良い汎用ソフトウェアや準汎用ソフトウェアが登場し、小さな企業でも導入が可能になった。

資金調達の面では、情報通信技術を積極的に利用して不特定多数の投資家から資金を調達できるクラウド・ファンディングなども登場してきた。クラウド・ファンディング（＊）によって、従来の金融市場とは異なる調達方法も可能になってきている。

＊クラウド・ファンディング（crowd-funding）——不特定多数の人たち（crowd）から事業資金やプロジェクト資金の提供（funding）を受ける方法である。ソーシャル・ファンディングとも呼ばれる。日本では、二〇一〇年代に

入って普及し始めた。クラウド・ファンディングの対象はベンチャー企業への出資から、まちづくり、イベント開催、芸術家のアート・プロジェクト支援、研究者の研究開発事業、映画制作まで広範囲にわたっている。クラウド側の資金提供には、金銭的な見返りを求めない実質上の寄付行為型、配当などの金銭的見返りを求める投資型、プロジェクトや事業支援に関連する物品の優先的購入権の購入型がある。

一方で、大企業などは金融機関への資金調達依存度を低下させてきた。貸出先に苦慮する地方銀行などにとって、小さな企業への賃金提供は大きなビジネス・チャンスである。このビジネス・チャンスを見逃した地方金融機関も多い。

## 2

小さな企業の活躍が、大企業や中堅企業にとってもビジネス・チャンスとなる可能性は大いにある。工夫次第で、ウィン・ウィンの関係となり得る。しかし、承継者がいないままに、廃業に至っている小さな企業が着実に増えてきている。

なぜ、承継者がいないのか。一言でいえば、将来の展望がないからだ。現経営者が展望を次なる世代に示せていない。むろん、取引先との関係や事業内容が未来永劫に続くことなどない。そのことの自覚は、ほとんどの経営者にある。にもかかわらず、一歩を踏み出すことができていない。最初の一歩の方向をどこに定めるか、この点がはっきりしないからである。

人の考え方には、慣性力が付随する。経営環境が変化しても、すぐに対応ができない。経営者の考え方が従来のままであるからだ。かつての高度成長期には、多くの企業は、まわりを見渡し、同様の対応をし、多少なりとも改善活動を継続していれば何とかなった。この体験の下で、考え方が固定化されてきた。しかし、いまでは、同業他社も世界規模で広がった。

さらに、意識しなくとも、さまざまな情報が洪水のようにあふれている。どの方向へ一歩を踏み出すのか。最初の一歩の前に、方向を探ることに頭を悩ます。まわりの模倣では済まなくなってきた。これはなにも小さな企業だけではない。企業規模が大きければ大きいほど、方向転換には時間を要する。たとえ、トップの経営者の考え方が変わっても、組織全体はすぐに変われるはずもない。

イメージ的には、小さな企業がヨットであるとすれば、大企業は大型タンカーである。ヨットは、風を利用しての操船である。操船を経営、風を経営環境に置き換えれば、イメージはもっとはっきりする。大型タンカーは前方に障害物があっても、すぐに方向を変えることはできない。ゆえに、さまざまなレーダー機器や航行装置を装備し、不測の事態に対処し、大型エンジンで自力航行する。小さなヨットは、大型タンカーが入り込むことのできない、狭い水路や水深の浅い湾でも航行できる。この二つの異なる船舶のイメージは、小さな企業と大企業との協力・協働関係の将来の在り方を示唆する。

事業分野の棲み分けは、従来の適正規模論のほぼ延長上に位置づけることができる。この種の経営論は、趣味・趣向、芸術品、伝統工芸品や個人サービス分野などの事業分野での小さな企業の存立論でもある。これまで小さな企業と大きな企業との協力・協働関係は、日本の場合、閉じられた競争関係である下請取引を中心に展開しすぎたきらいがある。それが、果たして平等な関係であったのかどうか。買い手独占的な関係の下では、売り手側（下請）は不利な取引に甘んじざるをえない。また、買い手側は売り手側が特殊な技術の保持者などでない限り、いつでも取引先を変えることが可能である。これに対し、売り手側は買い手側の仕様に基づいて生産——専用製造設備なども含め——している場合もあり、ほかの買い手をすぐに見つけることは困難である。この種の取引関係は、片方にとっては閉じられた関係といったほうが正確であろう。こうした関係が果たして互恵的な関係へと進化するであろうか。双方の技術力やイノベーションのポテンシャルを高めてこそ、取引関係は、ウィン・ウィンとなりうる。

しばしば、小さな企業の研究開発能力と大きな企業のそれとが比較される。イノベーションへの取り組み意欲は、両者でそれほど違うものだろうか。根本的な違いは、事業化段階になったときの力の差であろう。社内の豊富な人材ストックを利用できる大企業に対して、小さな企業の人材プールは小さい。

小さな企業にとって、大企業と対等な関係を取り結ぶためには、事業化段階における役割分担——ポジショニング——をはっきりさせることが必要である。自らの位置づけを積極的に行えるかどうかである。研究開発の初期段階でたくさんのアイデアを抱えていることは当たり前として、重要なステップは、アイデアを特許化あるいはノウハウ化させることにある。これは、優秀な人材の確保なくしては困難なのだ。

## 小さな企業の成長論

1　前述の事業規模の三類型（七五～七六頁）は、もっぱら人材の量的充足度での即物的な見方である。小さな企業にとって、重要なのはあくまでも人材の質である。小さな企業でも、その成長段階に応じて適切な人材を配置することを重視すべきである。成長を目指しつつも、小さな企業からなかなか抜け出せないのは、そのような人材を発見し、自社へと呼び込むことができないところに原因の一つがある。

下請型企業の場合、自社製品をもつことが悲願であるところも多い。だが、市場での販売ポテンシャルが高い製品を作り上げても、多くの企業は市場開拓で躓く。広告宣伝費まで手が回らない。少ない人数でやりくりせざるを得ない小さな企業にとって、経営課題は市場開拓である。(*)

＊小さな企業の抱える問題の筆頭は「市場開拓」、次いで、「人材不足」である。いまもむかしも定番の経営課題である。いま、小さな企業への支援サービスそのものが大きなビジネス分野を形成しつつある。市場開拓については、情報通信技術と人工知能――学習機能――を利用したビジネス・マッチングのサービスがある。少額の登録料で、創業間もない小さな企業も登録が可能である。発注者を登録したデータバンクから最適のマッチングを選び出して仲介し、受注額に応じた「成功報酬制」によって、成長しつつあるサービス企業も出てきている。
　他方、小さな企業の成長段階や、抱える課題に応じて、専門家を派遣するコンサルタント業もある。小さな企業なりの問題には、大企業ばかりを相手にしてきたコンサルタントでは対応できない。今後、きめ細かく、スポット的な

経営課題に対応できる、小さな企業向けの経営支援サービス業の需要は高い。

現在では小さな企業でも費用をかけずに、市場開拓に取り組むことのできるツールもできている。しかし、通信情報技術を利用すれば、すぐにでも成果が上がると考えるのは早計である。

大企業といえども、所詮は人の集団である。そこに組織のまとまりをもたらすのは共通目的であり、それがなければただの大規模集団である。企業とは共通の目的をもつメンバーシップ型組織である。メンバーシップ性には、各国のもつ文化が大きな影響を及ぼす。日本企業と欧米系企業がどこか異なるのは、国によって労働市場や労働慣行が異なることの反映でもある。

欧米系企業の場合には、概して専門職というメンバーシップ・カードをもった上で、企業のメンバーになるのである。つまり、二つのメンバーシップ・カードをもつ。したがって、特定企業への所属というメンバーシップ・カードを失っても、もう一つのメンバーシップ・カードを使って、他の組織のメンバーとなり得る。これが欧米社会での求職活動の標準形である。

日本では専門性というよりも新規学卒一括採用の慣行が定着し、結果、企業への所属が重要になっていった。その理由の過半は、欧米企業に比べてメンバーの出入りが極端に少なかったことにある。多くの会社員は、技術者やマーケターなどの専門職のメンバーシップ・カードをもっていても、特定企業のメンバーシップ・カードだけを使っている。

日本の大企業の組織文化が、新規学卒の大量採用とその長期雇用によって、いわば、長期加入のメンバーを中心に形成されたのに対して、中小企業は表面的には欧米企業的である。新規学卒一括採用などは、かつて一部の上層の中小企業でこそ行われていたが、その場合でも中途採用が併用された。とりわけ、町工場では、たとえば、切削加工や金属加工という技能＝メンバーシップ・カードをもつ職人たちが、町工場間を行き来することで、自らの技能をさらに高めることも多かった。「渡り職人」という言葉は、その実態を反映させている。

現在では、日本のメンバーシップ型組織は、どのようになっているのか。結論からいえば、メンバーシップ・カードが二種類になった。すなわち、従来型のカードをもつメンバーと、決められた通用期間のカードをもつメンバーの二元制度となっている。後者は、派遣社員、パートタイマー、アルバイト、契約社員、嘱託社員たちである。このうち、嘱託社員は退職後の元社員であることも多い。

考えてみれば、日本型の企業社会は、江戸期以来の身分制の温存社会ではないだろうか。日本的経営論なども曖昧なものに過ぎなかった。メイン・システムは近代的、あるいは、欧米的な表層や法的規制を模倣しつつ、実質は旧来のやり方、いわばサブ・システムで、組織が維持されていた。

現在、雇用形態には正規と非正規の二つがあり、同一の職種・職能でも、正規の働き方と非正規の働き方がある。同一労働・同一賃金の原則の下では、本来、そのような区分に法的妥当性などない。にもかかわらず、労働時間と雇用契約期間――フルタイムか、パートタイムか――による区分が、政府統計などでさえ定着している。

ここで日本の労働史を振り返る。戦前には、一般に、社員（職員）と工員（職工）、本工と臨時工、工員のなかでも社内工と社外工の区別があった。また、社員にも本採用と臨時採用の差異が設けられていた。それらは江戸期の諸藩にみられた身分制度を彷彿とさせる。

だが、戦後の占領政策によって上からの労働民主化が進められ、労働関係の法律も整備されていった。「職業安定法」もその一つで、仕事を斡旋してかなりの中間「搾取」——いわゆるピンハネ行為——を行う周旋（斡旋）業に関しては、有料職業紹介を含め、労働者供給事業が禁止——労働組合は例外——された。その後、規制緩和の流れの下で、有料職業紹介を認める法改正が行われた。派遣労働の業種も拡大し、現在の派遣労働者＝非正規職が急速に増加した。

企業が派遣やパートタイマーを雇用するのは、総労働コストが正規従業員よりも低いからにほかならない。むろん、雇用される側の事情もある。フルタイムで働くことや長期間働くことが困難な人たちがいる。たとえば、主婦であって、家計補助的に働きたい社会層も存在する。配偶者の転勤などで継続的な働き方が困難な場合もある。中高年層の場合には、自身の健康や介護など家庭内の諸事情から、限られた地域や時間帯でしか働けない人たちもいる。彼らにとって、非正規的な働き方はきわめて柔軟で都合が良い。また、パートタイマーなどの調査報告書からは、時間に縛られない生き方をしたい若者たちの存在も浮かび上がる。

逆に、正規で働く意思がありながら、その機会に恵まれていない新卒層や若年労働者もいる。非正規職を「働き方の多様化論」だけでとらえることが、果たして正鵠を得たものどうか、きちんとした分析が必要だ。

2　いまでは、社員も工員も、「従業員」という名称に統一された。他方で、ほぼ同様の仕事内容であっても、労働条件によって正規と非正規という新たな区分が出てきた。どの社会でも、メイン・システムとサブ・システム、近代的部分と非近代的――封建的――部分が混在し、組織が形成されている。しかし、こうした相反するものへは、是正を求める声が高まり、法改正も行われてきた。労働法制上は、同一労働・同一賃金原則でなければならない。にもかかわらず、異なるシステムは実際にはなかなか統合されない。なぜだろうか。それは、メイン・システム（正規）がサブ・システム（非正規）によって補われている実状があるからである。

一つには、働き方改革の焦点となってきた正規雇用の労働条件、とりわけ、長時間労働の問題がある。労働条件は、企業側の問題として論じられがちだが、一方で人びとの生活上の変化がある。働く場は、人びとの生き方や生活に大きな影響を与える。新しい生き方や生活の仕方を求める動きは、人びとにキャリア・デザインの見直しや、新しい働き方への模索を促した。その点、非正規は時間的にフレキシブルな働き方である。

二つめは給与面の問題である。一部の高度専門職では、正規より高い賃金を得られる非正規職もある。あるいは、非正規の賃金が低水準であっても、より給与条件の良い正規職への転職ができない、個別事情もある。たとえば、通勤時間や育児問題がある。実際には、一定の空間範囲でしか求職活動ができず、非正規職にとどまらざるを得ない人たちも、一定数いるのである。

こう考えてくると、自分が生活する地域内で自らの仕事を創る生き方があってよい。個人のライフスタイルや、ライフステージに合わせた就業形態もあってよい。

通勤時間の制約や柔軟性を欠く雇用環境に縛られない生き方への対応も、社会的には必要なのだ。そうした社会的ニーズに対応しうる、企業の存在、フレキシブルな生き方を支える経営スタイルがあってよい。それで有能な人材を引きつけることができれば、彼らは企業の新たな存立基盤となる。わたしの描く小さな企業の豊かな将来像は、そのようなものである。

ここで初歩的な問題設定に戻っておく。なぜ、人は既存組織で「雇われる身」から「自らを雇う」起業という選択をするのだろうか。その動機付けはどのあたりにあるのだろうか。

まず、働き甲斐＝生き甲斐などの自己実現的な動機が考えられる。ただし、働き甲斐といっても、それは給与と深く関係する。これだけの給与であれば、多少のつらい仕事は仕方ないという、割り切り方もある。この給与と仕事内容の均衡点がどこかで崩れることがある。その場合、人びとは多少収入が減少しても、自由度の高い仕事を求める。既存組織への帰属で、均衡を達成することが困難なら、自ら小さな事業を起こすこともある。

ほかにも、たとえば、新しい製品やサービスの開発、販売方法の開拓が既存組織では困難と感じて、日々、悶々としている人たちも一定数いる。技術者魂を優先させれば、自ら新しい事業を起こすしかない。そう決断して、スピン・オフする人たちもいる。また、家庭の事情などで既存組織で働くことが難しくなり、小さな事業を展開する人もいるだろう。

戦前は、官営工場や軍工廠で身分的障壁に苦しんだ技術者や技能者がいた。彼らは、技術者や技能者としての活躍の場を望んだが、学歴などの制約で、より高度な仕事内容へと進むことが困難であった。結果、彼らは自ら小さな工場＝町工場を起こした。そのなかから、いまでは日本を代表する中堅企業へと成長を遂げたところもある。

そのような事例が少なくなってきたのは、進学率が高まり、表面的な学歴差別がなくなったからかもしれない。現在、若者の多くは形式的には高学歴である。彼らや彼女らは、それなりに既存企業へのパスを手中にしている。このことの影響は大きい。

戦前の日本社会では、同じ大学卒であっても、帝国大学卒とそれ以外の大学では、初任給において格差があった(*)。官立大学と私立大学、大学と専門学校でも微妙に格差が設けられていた。当然、入社後の昇格・昇進においても学歴別格差があった。社員と工員、本工と臨時工の区分に加え、社員や工員のなかにも身分格差があった。この身分格差を収入面で克服するもっとも現実的な方法が、自ら小さな企業を起こし、成長させることであった。

＊戦前型の学歴社会と就職については、つぎの拙著を参照。寺岡寛『学歴の経済社会学―それでも、若者は出世をめざすべきか―』信山社（二〇〇九年）。

いまは、このような身分格差は表面的にはなくなった。一方で、何がしがの不平等性は再生産されている。それが人びとの許容できる範囲を超えるまでに表出し、容易には打開できないと強く意識されたとすれば、どうだろうか。不平等な社会が変わりそうもないと多くの人が感じたとき、再びかつてのような起業ブームが来るであろうか。

## 3

人びとの小さな企業を起こす潜在的エネルギーが、萎えている。多くの人びとの意識の中で、小さな企業はやがて衰退し、消滅する運命であると考えられているのかもしれない。小さな企業がある程度の成長をしながら生き残るには、それなりの方途がある。それは、自らの努力だけでなく、小さな企業相互の創造的な協力関係の構築の上に可能である。協力関係についても過去を振り返り、これからの在り方を探ってみたい。

小さな事業体の協力活動を推進する協同組合制度は、かつて〈大企業＝強者、弱者＝中小企業〉説の下で、市場経済で弱者が強者に対抗するための方途として、欧州諸国から日本社会に移入された(＊)。農業社会の日本では、まず農業組合制度が創始された。その後、日本の工業化が本格的に始動するにしたがって、日本各地で産業組合制度も普及した。

*詳細はつぎの拙著を参照。寺岡寛『中小企業の政策学―豊かな中小企業像を求めて―』信山社（二〇〇五年）。

工業や商業の分野では、まず同業組合制度ができた。その後、工業組合や商業組合が設立された。同業組合制度においては、工場と問屋との厳しい利害対立があり、組合としての協同事業の実効は難しかった。また、工業組合や商業組合の内部でも、取扱商品や生産規模の違いから、組合員相互の利害の対立があった。残念ながら、当初の協同目的が達成されたとは言い難かった。

協同組合制度の下、生産、販売、金融などの協同事業もあった。しかし、実際のところ、金融事業を除いては、組合を結成しても、強力な指導者を欠いた組合は低迷した。組合制度は、組合員の協同・協動を促進するはずだったが、そのメリットがすべての加入者へ波及したわけではなかった。

金融面では、古くから頼母子講のような互助的金融制度があったことから、信用組合制度が普及した側面もあったろう。背景に、資金を小さな企業同士で支えあう必要性と、自分たちで貸し倒れリスクを低減させるノウハウの蓄積もあった。このことからもわかるように、協同行為を可能にさせるのは、組合員の共通利益なのである。(*) 共通利益があってこそ、人びとは集まる。その次のステップとして、共通利益の配分を可能にさせる公平性や平等性の理念と、その普及が必要である。

*協同組合の結成数――いわゆる休眠組合を含む――とその活動をみると、現在、小さな企業の協同組合活動は活発とはいえない。背景には、廃業によって、構成組合数が減少し、十分な共助単位が確保されないことがある。この意味

では、小単位でも協同行為によって、共通利益の促進につながるような事業の開発が重要である。また、協同組合相互の緩い「連帯」も模索される必要がある。その場合、単に同業の協同組合だけではなく、関連分野の協同組合、消費組合（生協など）、ＮＰＯ団体、ボランティア組織とのつながりも重要である。日本の協同組合組織は、お世辞にも、政府からの補助金などのインセンティブなしに、自発的に協同・協働関係の拡大に取り組んできたとはいえない。

中小企業に関係のある協同組合等の推移を参考までにみておく。事業協同組合は一九八一年をピークに、企業組合は一九五五年をピークに、協業組合と商工組合は一九八四年をピークに、そして、商店街振興組合は一九九六年をピークに、いずれも漸減している。新設組合数をみても、そう多くはない。事業協同組合は、製造業では食品を除き低調、非製造業では建設業やサービス業が中心である。卸売業や小売業も低調である（全国中小企業団体中央会編『中小企業組合白書（各年版）』）。

ＩＴ化やＩＣＴ化においても、小さな企業の協力関係は必要でろう。一連のＩＴ化やＩＣＴ化を個別に進めても、経営上の問題が解決されるわけではない。小さな企業相互の協力関係を構築することが、まずは不可欠なのである。そうしてはじめて、協同・協働効果は、個別範囲を超えて、力を発揮する可能性が高い。課題は、個別のＩＴ化以上に、協力関係そのものをうまく創りだすことができるかにある。

「共通利益」も、産業構造の変化や、人びとの社会意識の変化によって、従来の枠組みやネットワークを超えたところに生じるようになった。業界や業種という狭い枠をこえて、形成されるケースもでてきている。従来とは異なる共通利益の発見と、そのビジネス化もまた小さな企業の新しい存立分野となる。小さな企業の経営者は、外の世界をみる努力を怠ってはならないのだ。

# 小さな企業の継承論

1　長期間にわたり、小さな企業の減少が止まらない。何度も強調したように、背景に後継者の不在と、小さな企業を起こす新たな挑戦者たちの不足がある。

日本政策金融公庫(*)などの実態調査報告書によれば、自分の代で廃業予定の経営者は多い。信用金庫の関係者に聞くと、廃業予定者は、経営者自身はもとより、従業員も高齢者である場合が多い。借入金が少額であることから、幸せな廃業に踏み切れるという。では、廃業未決定者はどうかというと、清算すべき借入金の多寡というよりは、承継者次第というのが実情である。金融機関からの借入れ返済に見合う事業規模があれば、後継者がでてきてもよさそうなものだが、現実はそう簡単ではない。

*前身は、国民生活金融公庫、農林漁業金融公庫、中小企業金融公庫である。平成二〇［二〇〇八］年の法律改正によって統合され、現在の名称となった。

小さな企業の承継はどのようにして可能なのだろうか。小さな企業の創業者たちが最初に事業を起こしたときの経営環境は、どうであったか。それを振り返ればいくつかの手がかりが見つかる。

創業にあたっては、既存組織で定年まで勤めることで得られる予想生涯所得と、起業により長く働くことで得られる予想生涯所得のざっとした計算はあったはずだ。さらに、始めようとしている事業の市場が、今後拡大していく期待もあったはずだ。そもそも、物事の判断に絶対的基準などはない。現在と将来を天秤にかけて、いま以上の働き甲斐と、それに見合った収入の見通しがある程度立てば、あとは、いつ一歩を踏み出すかである。最初の一歩にはきっかけがある。

創業準備を着々と進め、潮が満ちるようにして創業へと突き進む人たちもいる。これは「考えてから走る」タイプの人の場合である。対照的に「走り始めてから考える」タイプの人もいる。たとえば、経営路線をめぐる対立や部下の失敗で、会社を去ったような人一倍責任感の強い人たちだ。だが、そのような人であっても、自分の技術や技量などが一定水準以上に達していることへの、それなり自覚と自信があったはずである。この二つのタイプの中間のような「考えながら走る」タイプの人たちもいる。

最初の一歩は、後継者の場合も同様である。小さな企業の場合、承継時期は突然やってくる。経営上の行き詰まりよりも、経営者の健康問題が大きなきっかけとなる。このケースは意外と多い。父親の不慮の事故や、長引く入院生活で、やむなく仕事を辞め、郷里に帰り、親の事業を承継するケースである。必然、考えながら走らざるを得ない生活が続く。だが、それまでの経験が全く役に立たないことは決してない。人生に無駄なことなどない。

同様の業種や関連業種で一定期間勤務した後に、親の事業を承継する計画的な場合もある。そのような承継者は、なんとなく、どこかで腹を据えている。時にはその予定が実行へと移されない。将来の見通しが予想以上に良くない場合である。小さな企業の承継にも、それなりの個別事情がある。

2　はじめから将来の見通しが厳しい場合、事業承継の可能性は低い。当然の判断である。しかし、事業の将来性にある程度目途が立っていても承継してから五年、一〇年と時間が経過するうちに、事業の先行きに暗雲が立ち込めることもある。その場合、事業転換が推奨される。だが、過去に何度か不況期の「事業転換調査」に関わった、わたしの経験からしても、事業転換は一筋縄では行かない。

実際には、賃貸マンションや貸し駐車場への転換のケースを除いて、別の分野へ転換できた成功事例はきわめて少ない。小さな企業の承継問題は、当事者たちの承継意識もさることながら、属する産業の将来性に大きく依存する。

承継問題は、「親族承継」と「非親族承継」に区分され、語られることも多い。さらに非親族承継は「従業員などによる承継」と「他者（社）による承継」に区分される。後者は事業の「M&A」に等値される。他者による承継――M&Aも含め――の成功例は、吸収合併される企業の価値が、将来においても担保されていたからこそ可能であった。

小さな企業といっても、製造業では二〇人近い規模の工場あたりがM&Aの対象になりえる。この規模の町工場は、小規模とはいえ、長年の操業によって、それなりの技術とさまざまなノウハウが作業者に蓄積・継承されている。規模こそ小さくても、高精度加工を誇る企業も多い。

この種の小さい企業のM&Aには、他者（社）が直接に吸収合併するケースのほかに、コンサルタント会社やファンド会社が一旦、株式を買い取るかたちで取得するケースがある。「コンサルタント型」

である。

米国企業に圧倒的に多いこのやり方は、卓越した技術や製品を持ちながら十分な収益を上げていない企業をまずは買収して、採算の悪い部門の縮小や売却、資産の処分で利益があげる体質にして、他社に売却する。「転売型」投資ビジネスと言い換えてもよい。

他方、企業が改善可能な経営体質である場合は、追加投資や新たな人材を採用することで経営問題の解決は可能である。その後、企業価値を高めた上で新たな経営者を任命し、事業を継承する。新しい経営者は、現経営者の親族の場合もあるし、従業員である場合もある。あるいは、他社から転籍してもらう場合もある。

いずれの場合も、コンサルタント会社の特性を生かして、必要な人材を送り、経営課題の解決を従業員たちと続ける。これが企業継続の重要な鍵である。

今後の日本社会において、「M&A」による事業承継は、どの程度、可能であろうか。結論を先取りすれば、自社意識のきわめて強い小さな企業では、短期間では、定着しがたい。しかし、後者のようなやり方は現実的には効果的である。

小さな企業とはいえ、長期間にわたってコツコツと改善・蓄積した技能や技術をもつ企業は魅力的である。他の技術とのコラボレーションによって、大きく成長する可能性もある。そうした企業では、しばしば技能者である経営者を中心に、少数の従業員で技能や技術を承継してきた。その種の技術のなかには、一定期間の徒弟的技術移転によって維持されてきたものも多い。

こうした技術をもつ企業は、小さくても、今後、承継・発展する潜在性は実に大きい。既存技術との結合や、可能な部分のデジタル化などで、発展する余地も生まれている。

こうした企業体が、承継されずにいったん廃業されると、再度、そのような企業を生み出すのは困難である。人から人への技術承継を強く意識した、より現実的な承継方法が模索される必要がある。

3　小さな企業の承継問題の社会的影響についても、ふれなければならない。

現在の経済活動は、サプライ・チェーンの枠組みで語られる。それぞれの企業が原材料から加工、製造、流通、販売のいずれかの段階を担い、一連の経済活動が実行される。自動車などの加工組立型の大企業は、多くの協力企業を翼下に抱え、製品を完成させているイメージが強い。小さな企業も関連の企業群に支えられている。

この場合、地域の小さな企業同士の補完的関係が形成されている。そうした関係性の下で廃業が起これば、いままで地域のメーカーから仕入れていた半製品の入手が困難となるケースも出てくる。地域で調達できなければ、全国的メーカーから仕入れれば良いではないか。しかしながら、そう単純な話ではない。細かな仕様に合わせた少量生産の半製品など、全国くまなく探しても、すぐに見つかる保証はない。

その場合には、内製化に踏み切らざるを得ない。内製化には、機械の購入・設置資金もさることながら、製造ノウハウの獲得も必要である。これが可能な企業は存続できる。そうでなければ、連鎖的に廃業を迫られる。伝統産業のなかには、原材料や半製品加工の自営業者の突然の廃業で、サプライ・チェーンが危機に瀕しているところもある。

小さな企業の廃業が進めば、小さな企業同士の結びつきによって分業体制が形成されてきた地場産業や伝統産業は、大きな変革を迫られる。その社会的損失は大きい。代替的イノベーションや、デジタル化の対応だけでは済まされない。

# 第三章　小さな企業の停滞論

人々が必要としているもの、あるいは必要だと感じているものとは、一方で、世界でいま何が起こっているのかを、他方で、彼ら自身のなかで何が起りうるのかを、わかりやすく概観できるように情報を使いこなし、判断力を磨く手助けをしてくれるような思考力である。こうしたちからこそが……社会学的想像力とでも呼ぶものである。

（C・ライト・ミルズ（伊奈正人・中村好孝訳）『社会学的想像力』筑摩書房）

## 1　小さな企業の経営論

企業の創業には、情熱、勇気、思い切りの良さなど個人的エネルギーが要る。十分な資金があるから創業するとは限らない。このことを考えると、起業家研究において、経済学や経営学の分析手法だけでは、限界がある。心理学や社会学からのアプローチも重要な役割を果たす。

経営学で経営管理のあり方を対象とするアプローチは、創業――スタート・アップ――後の事業展開のステップ・アップに関するものである。創業に至るまでの分析では、方法上の制約がある。起業に関わる課題の解明に資する総合学としての「起業学」があってもよさそうだが、今のところ体系的なものは見当たらない。

米国の起業に関する研究書では、起業家の性格が作用し、起業という結果に表出していく事例ばかりが紹介される。その内実は、必ずしも明らかではない。事象の具体的な分析において、その表面的な属性を列記しても、本質に迫ったことにならない。米国と日本では、国民文化やそれに付随する企業文化のちがいがある。小さな企業の経営のあり方を論ずる場合、こうした相違点を踏まえるのと、ただ経営の一般論からとらえるのとでは、結論に異なる点が多い。

新卒学生が当たり前のように、就職していくように、一定期間、既存組織で働いた後に、まずは自営業へというかたちで、当たり前のように小さな企業を始める。そんな時代がくるのであろうか。五万人近くを対象としたリクルートワークス研究所『全国就業実態パネル調査』（二〇一七年）では、副業から自営業へと進むことで、小さな企業が生まれる可能性が示唆される。

同調査によれば、正規職で副業を持つのは、およそ一割程度、非正規職でも二割に満たない。なかには、勤務先に届けずに、副業を行っている人たちもいる。就業規則の緩和は政府主導の下で行われたが、すぐに、企業が副業を認めるわけでもなかろう。業種・業態によっては、本業に支障がある分野もある。だが、全体としてみれば、それなりの創業希望の潜在層があるのかもしれない。

副業認定に踏み切った企業には、①原則自由、②本業に支障がなく、就業時間外なら可、③休日のみの場合の届け出制、④本業にどのような貢献が期待できるのかの記載付きで申請可能、とバリエーションがある。当然ながら、上司の許可は必要である。また、本業と副業の通算時間が法定労働時間以内であることなどの申請許可条件を課す企業もある。

具体的な副業内容は、薬局の販売員（製薬会社の場合）、コンサルタント（精密機器会社の場合）、執筆活動やユーチューバー（ソフトウェア会社の場合）、町おこしなど地域活性化の支援や公益社団法人の役員（NPO、教育サービス会社の場合）が典型としてあげられる。

なお、このパネル調査結果に基づいて、同研究所の戸田淳仁は「自営業者の働き方の実態―Works Indexからの考察―」（『日本政策金融公庫論集』第三八号、二〇一八年二月）で、実際にその後、自営業を始めた人たちの傾向を事例的に整理している。

①　自営業創業の女性の割合が高くなってきていること――女性への着目。
②　自営業創業は幅広い年齢層にわたっていること――年齢横断的。
③　ある程度スキルの高い人が自営業を始めていること――一定のスキルが前提条件。

そして、戸田は分析結果をつぎのように要約している。

「主な結論としては、自営業者は就業の安定や生計の自立は雇用者よりも望ましい状況とはいえないが、ワークライフバランスやディーセントワークにおいては望ましい状況といえることがあげられる。具体的には、残業時間が短い、勤務時間や場所の自由度が高い、仕事量や負荷が適切、差別やハラスメントがない職場、安全な職場で本人も健康、といった項目では雇用者よりも望ましい結果であった。その一方で、休暇が取得できているかについては雇用者よりも望ましい状況とはいえず、休暇の取得に関しては雇用者よりも不自由であることが明らかになった。」

自営業者の「働き方の満足度」は、「望ましい仕事」に就いているか否かに関連する。戸田は、望ましい仕事＝働き方を求めて自営業を創業した人たちについて、資金面での支援制度はさまざまに整備されてきたものの、「学習・訓練の機会」への支援が必要かつ重要であると強調する。

政府の狙いどおりに、副業を許すという就業規則の緩和措置によって、起業熱がどの程度盛り上がるのか。これまで、起業意欲がなかなか盛り上がらなかった日本社会へ、政策的に渇を入れることは可能なのだろうか。

わたしの理解では、起業は、あくまでも個人の選択意志による。そこには、ある種のパラドックスが働く。たとえば、大恐慌時、失業者が溢れた米国社会では、簡単に創業できる商業分野で、小さなビジネスを始める人たちが多かった。いうまでもなく、雇用所得を失ったため、自分や家族のために糊口をしのぐためであった。個人の意志というよりも、過酷な環境がもたらした結果であった。

時代状況を考えれば、雇われる＝就職するのにさほど苦労もなく、それなりに生活ができる現在、そのような環境から飛び出して、小さな企業を起こすことは、個人の意志や生き方以外の何ものでもない。もし、個人の意志以上に、起業を促す条件があるとすれば、雇われていることに対する不平・不満の鬱積であろう。

不平・不満には、金銭的動機と非金銭的動機がある。金銭的動機とは現状の給与水準への不満と将来への展望がないことである。長く働いても、その努力が金銭的に報われない理不尽さへの怒りや焦りである。非金銭的動機は、自分のやりたい仕事——自己実現や自己達成感——が組織内でやれないことへの苛立ちである。

## 2

起業率の低下を憂い、その引き上げが容易でない現状を焦る声が政府の経済官庁から出てきても、その声は若者たちにはなかなか届かない。この社会的空気感は、果たして日本だけなのだろうか。米国と比較するだけでは、諦め感が浮上しても、創意工夫へのインセンティブは、高まることはない。米国以外の他国ではどうだろうか。

わたしは、たまたまフィンランド社会の起業のあり方に関心をもった。そして、この偶然を必然化させるため、フィンランド国内のさまざまな産業集積地——とりわけ、サイエンス・パーク（ティエデ・

プイスト）――へ、何度も調査に出かけてみた。

幸いなことに、フィンランドの大学院から集中講義――日本経済論や比較中小企業政策論――の招聘もあった。フィンランドの社会人ビジネススクールにも何度も出講した。そのうちに、技術者、経営者、創業間もない事業家たち、政府の役人や研究者たちと接する機会が多くなり、彼らや彼女らの出自を垣間みることがあった。そこから見えてきたのは、フィンランドと日本では政府官僚の、違いがとてつもなく大きいことであった。

日本では、政府官僚は起業家の応援団であるが、フィンランドでは、政府官僚でも起業家となるケースがみられる。日本でも稀には起業家となるケースがある。ただし、それは民間企業への退官後、あるいは、ある程度勤務したあとの天下りというブローカ的スピン・オフである。そこでは、既存企業とのなれ合い的な利害関係性が、ある種の見えないかたちで継続する。全く白紙の状態で、日本でも起業家が経済官庁から輩出されてもよいのではないか。

いつの時代も、若者たちは、自分たちのモデルとなるべき先導者を求める。自分たちのモデルとなる成功例が身近であればあるほど、若者はその成功事例に自分を重ねる。もちろん、「柳の下に二匹目のドジョウは居らぬ」の喩どおり、異なるやり方を志向することが重要である。

まったくの模倣行為ではなく、多少の相違工夫＝バリエーションが必要なことは、強調して強調しすぎることはない。そうして、事業創始のバリエーションが生まれ、その後のビジネス展開にも、バリエーションが生まれれば、その多様的な存立形態が、小さな企業の世界をより豊饒なものにさせる。そして、日本社会の活性化をも促す。

韓国の社会学者の鄭賢淑は、日本の小さな企業＝自営業の研究を通じて、それまでの自営業者＝「独立した経営主体とは呼べない不安定な就業者」ばかりではなく、事業家マインドの持ち主＝「自分たちの職歴を生かし、開業に必要な資金の準備過程を経て自営業主になるという経営歴行動パターン」を見出した。彼女は、企業家の「独立の事業主体として企業活動を行う階層としての独自性」に着目した。

鄭は『日本の自営業層―階層的独自性の形成と変容―』で、小さな企業＝自営業層について「単に『被雇用者層ではない』という点において一つの階級・階層カテゴリーとみなされ……自営業層が……地域社会においてどのような役割を担っているのか、また政治舞台において集団としてどれほどの影響力を発揮しているか」に関して、これまで日本の研究者たちは無関心であったと批判する。

関心――もっぱら研究者の関心であるが――ということでは、従来の自営業の研究は、「彼ら（自営業者―引用者注）をひとつの独立した経営主体とみるべきか、それとも雇用機会の不在によって作り出される周辺的存在とみるべきか、といった問題にとどまって」いた。雇用機会の不在ということでは、企業や役所など既存組織に帰属することが困難であった社会層の動態こそ、自営業研究では重視されるべきだろう。

さらに、鄭は自営業層を「日本社会において他の階層とは明確に区別できる階層的独自性を持つ」とみるべきであると主張する。そして、自営業層の階層性について、つぎのように分離して理解すべきと強調する。

（一）従来の理解の延長上の階層理解＝「自営業層の下限」――「生産手段の所有は利潤を生む手段ではなく、労働力を売らなくても生計がたてられるようにする手段にすぎない……被雇用者層の労働の自律性は自営業者層に比べてかなり低く、役職が上がるにつれて高まる……自営業主は、労働力を売る労働者に対して、自分の労働を自ら統制できるという点において共通の労働状況におかれている」。次項（二）のような「資本と自己労働、経営活動を統合することによって利潤追求活動を行っている自営業層」とは異なる。

（二）従来の理解とは異なる階層理解＝「自営業層の上限」――何人かの従業者を雇うことにより「企業型自営業」へと変わっていく。この結果、「自営業主は本来の仕事から徐々に離れて経営活動に重点をおくことになる」。要するに、自らも労働を行う労働者意識から脱して、経営者意識が生まれる。

鄭は（一）の「人に使われるのを好まない」＝「労働の自律性」だけで、自営業層の充足が行われてきたとはいえず、（二）のような意識をもつ人たちが存在していたことを強調する。

鄭のいう「自営業層の上限」とは、「労働者、経営者、管理者としての性格の未分化状態が解消される時点」＝「転化」である。そして、（二）の自営業主の上限層について、「組織のルールや官僚制における硬直性に規定されやすい」大企業の経営者との比較において、「個人的志向や判断によって市場の変化により柔軟に対応でき、創造性を発揮できる」社会階層であるとみて、その柔軟性と創造性のゆえに産業社会において存続できたと主張する。

鄭は「自営業層の上限」を、（一）のいわゆる一人親方的な生業層との比較において、自営業のなかで企業的存立要素を強め、やがて中小企業、場合によっては中堅企業や大企業へと育つ可能性をもった社会階層とみているようだ。小さな企業の経営者像、とりわけ、その発展性に注目すれば、自営業者の「柔軟性」と「創造性」のマネジメントこそが改めて重視されなければならない。

## 小さな企業の停滞論

1　鄭は、自営業主を「上限層」と「下限層」に分離して、それぞれの特質を理解することを重視した。そして、戦前と戦後を比較した。とりわけ、高度成長期の市場拡大が上限層のポテンシャルを一挙に引き上げたとみた。一方で、鄭は「現在、自営業層は彼らの存立をめぐる転換期を迎えている」と指摘する。ただし、鄭自身は、その具体的な打開策を提示しているわけではない。鄭の分析の中心は、あくまでも自営業主の階層意識であり、その出自や供給元の階層グループについてはさほど関心を払っていない。

自営業主の出自について、過去の研究史が示唆するところでは、職人層、商人層＝小さな企業体からの独立が過半を占めてきた。職人層では、若くして徒弟となり親方の下で修行＝技術や技能を習得したのちに、独立して自営業主となる。この場合は、自営業が自営業主の苗床である。徒弟制度下の職人の卵は、農村地帯や都市雑業層から供給されてきた。商人層もまた、同様の社会的文脈でとらえることができた。

職人から自立できるか否かの可否は、どこにあるのか。職人＝雇われる身であれば、仕事は与えられるもので、自ら獲得するものではない。彼らにとって、仕事とは親方が誰かの協力の下で獲得してくるものである。しかし、独立後は、自分で仕事を獲得しなければならない。

すなわち、技術や技能に加え、マーケティング能力こそが、自立のための大前提となる。それでも、かつては問屋下請制度があり、マーケターは問屋であった。材料の手配なども問屋が行った。自立といっても、実際には同じ仕事を空間的に異なる場で行っているにすぎなかった。いわばかたちだけの独立もあった。真の独立とは、問屋に代わって、自分が仕事を獲得することにほかならない。つまり、仕事の獲得こそ、職人と経営者との分かれ道である。これは、わたしの結論である。

では、自営業の上限層と下限層を決定づける要因として、鄭が指摘した経営者マインドは、自営業主たちにどのようにして醸成されるのだろうか。自営業主が一人で事業に取り組むだけで、経営者マインドは身につくのだろうか。そうではあるまい。自分だけでは、日々の営みが困難となり、結果、有給雇用者を雇い入れる。そのことで、従業員への指導や給料の支払いが迫られる。従業員を使った事業計画や事業の効率的遂行も必要となる。こうした取り組みが、自営業主から経営者への第一歩といえる。そうして、経営者マインドとは徐々に形成されていくものだと、わたしはみる。すべてが生まれつきのものではない――むろん、例外もあるだろうが――。わたしは、第二の天性論をとる。作業者＝職人と経営者との根本的な相違は、前者の目標的到達点が技能の向上にあるのに対して、後者にとっては、技能の向上はあくまでも事業展開の一端であり、マネジメント能力の向上に目標が置かれる点である。

小さな企業がときに無給の家族従事者に助けられながら、自分だけの小さな事業体で終わるのか。あるいは、多少とも雇用者を増やし、家計と事業会計を分離させ、停滞状況から一定の発展状況へと進化させ、事業規模を拡大できるのか。このちがいを生む鍵、それこそ経営者マインドであろう。

では、かたちだけは高学歴社会となったいまの日本で、経営者マインドやマネジメント能力の獲得は、学校教育に大いに期待し、委ねることなのか。大学教育ではすでに遅すぎる。それ以前の中等教育や高等教育の段階で、起業プログラムの導入が必要との声もある。

他方で、自営業者の数の減少は、ビジネスの実地教育＝家庭教育という環境の喪失の結果でもある。「門前の小僧習わぬ経を読み」というように、子供は親＝自営業主の背をみて育つ。そうした子供たちが減少している。

わたし自身、自営業の環境で育った一人である。家業の場合、サラリーマン家庭とは異なる。おカネは給料日に銀行に自動振り込みされるのではなかった。どのようにしておカネが生まれてくるのか。自営業の子供たちは、小さいころから本能的に知っていた、といってよい。

わたしは、大学などでビジネスを知識として学ぶまえに、親の働く日常的な姿を通して、生活感覚あるいは肌感覚でビジネスの本質を感じていたようにも思う。現在のサラリーマン家庭で育つ多くの子供たちは、朝出かけ、夕刻に帰る両親たちの姿しか知らない。親たちが実際に働く姿を間近で見る機会は少ない。テレビドラマを見て、想像をたくましくする。これが通常ではなかろうか。

かつては、家庭や地域の中で無意識に身についたものを、学校教育の下で、暗黙知を形式知に置き換えたテキストを通して身につける時代のなかに、わたしたちは生きている。学校とは、あくまで過去の事例や経験則を学ぶ場である、そのことを考えれば、生きている経営を教え、生きている経営を学ぶことは容易ではない。

かつて、化学繊維のビニロンの事業化を世界に先駆けて成功させた経営者に、大原総一郎（一九〇九～六八）がいる。大原は、勝機があると直感した秘訣を記者から問われた際、父の大原孫三郎（一八八〇～一九四三）の教えに言及している。すなわち、新しい事業に取り組むときに、一〇人に聞いて、七人が大賛成すればもうすでに遅い。五人が賛同しても遅いことに変わりがない。一人が賛成すれば、まだ早い。三人が賛意を示せば、すぐにでも創始すべきだ。この種の事業感覚は、学校教育で身に付く保証などは全くないであろう。

たとえば、アートの世界では、現在では時代を切り開いた先駆者として大いに評価され、美術史の中に不動の地位を占めた画家でも、存命中は、作品が全く評価されなかった画家たちは実に多い。事業もそうであるかもしれない。ビジネスのアイデアが時代に先駆けて画期的であればあるほど、当初は社会に認知されない。

既存の壁を破るイノベーション――ラテン語源では、「一新する」の意――は、「言うは易き、行うは難き」である。ましてや、イノベーションを創始するビジネス・マインドを一新するのである。

小さな企業を創始しても、その後、悪戦苦闘の日々が続く。しかし、それは単なる停滞ではない。停滞の打開策を求めての試行錯誤の下でこそ、新たな技術やサービスへの方向性を見い出せる。打開策に結び付くのは、後述するように、小さな企業のパイオニアたちに、新たな人材、資金、市場との出会いがあるのかどうかである。成功には、将来につながる小さな水路がいつもあるものだ。それを探し出せるかどうか、である。

2　人材との出会いには、質と量の両面がある。大きな組織であれば、働く人の数が多い分、さまざまな人材どうしが出会うことになる。この出会いからもたらされる情報の量は半端ではない。量的側面では、小さな企業が大きな企業に太刀打ちできないものだ。

臨床心理学者のバリー・シュワルツが、『選択のパラドクス―なぜ多いことは少ないのか―』（邦訳『なぜ選ぶたびに後悔するのか―「選択の自由」の落し穴―』）で述べるように、情報量が多ければ良いというわけではない。この著作は、経営者にもよく読まれた。情報の洪水の下で、経営者が意思決定に苦しんでいる傍証である。

経営上の意思決定には十分な情報が必要である。正しい決定のために、経営者はできるだけ情報を集めようとする。だが、情報を集めれば集めるほど、意思決定はできにくくなる。判断が難しくなり、意思決定できなければ、情報が多いことは、情報が少ないことと同じではないか。だからこそ、判断には知識が重要なのである。情報が多くとも少なくとも、正しい情報を選別できるのは知識である。多くの事例が紹介されているが、シュワルツ情報論の肝はここらあたりだろう。

情報の収集量＝人数×個別情報であるとすれば、小さな企業には到底勝ち目がない。しかしながら、膨大な量の情報から、それなりに有益な情報を選別することができるかどうか、これはまた別の話である。情報の質こそ重要なのだ。企業の大小にかかわらず、情報の質の見極めには大変な労力が要る。

情報の収集量が増大すれば、その選別に関わる労力は幾何級数的に増加する。人工知能（ＡＩ）がそのような情報の選抜に利用される可能性もある。導入費用のかかるＡＩの活用は、小さな企業にとって、必ずしも容易なことではなさそうだ。小さな企業にはその状況を脱するために、ＡＩの活用以前にやるべきことがある。

それは、将来への展望を切り開くための情報収集のやり方の工夫である。規模の小さいことにも、メリットがある。小さな事業体のメリットの追及、そのことが自分たちのビジネスの範囲を決定する。それを念頭において、「小さい」規模の最大効率を求めるマネジメントを、まずは追い求めることだ。

人材の獲得は、小さい企業の場合、大企業などのように新規学卒一括採用はきわめて困難であった。たとえば、昭和三〇年代の大阪府下の小さな町工場の従業員採用の様子について、大阪府立商工経済研究所の調査報告書が丹念に追っている。関東圏からの従業員採用はほとんどなく、近畿圏や中国、四国、九州からの採用が目立つ。その場合、学校などを通じての採用の比重は低くかった。親類縁者ネットワークを通じた採用がもっぱらであった。その後、大企業などの新規学卒一括採用が定着するなか、学校などを通じた採用は、ますます困難となっていった。

日本経済が戦後復興から高度成長に移行するにつれ、小さな町工場も人手不足となった。町工場の経営者は、従業員の確保に苦労するようになった。従業員の確保のために、増大する受注額に応じて、給与も引き上げた。他方で、よりよい給与を求めて、町工場間の技能工の移動なども進むようになった。いわゆる中途採用である。こうして、大企業がもっぱら新規学卒採用に、中小企業は中途採用に依存する構造が出来上がっていった。

小さな企業で成長軌道に乗ることのできたケースは、ほぼ例外なしに優秀な人材の獲得に成功した結果である。そのような成長を遂げた企業は、地元で多少とも名前を知られることになり、やがて定期採用のルートが確立された。この段階へ進めるかどうかが、企業の成長を大いに決定した。

小さな企業だけに、一人か二人でも優秀な人材を採用することがきわめて大きな意味をもつ。そのためには、採用ルートの確保が鍵を握る。それは、経営者自身のネットワークと密接な関係をもつ。具体的には、同窓会などの「学窓ネットワーク」、前の職場や組合などを通じての「仕事ネットワーク」、趣味や余暇活動を通じて形成された「友人・知人ネットワーク」などである。

概して、経営者のネットワークは、仕入れ先や納入先、加入する団体や組合との関係だけに限定されてしまいがちだ。経営者が意識して、積極的に異業種交流会、同窓会や研究会などに、一定期間かつ継続的に参加しないと、信頼できるネットワークの形成機会は限られる。自分の商店や工場だけで一日中過ごす経営者には、ネットワーク作りは難しい。小さな企業の経営者こそ、意識して、社外の世界を知る必要がある。

実際に、小さな企業の経営者たちにこの点を聞くと、必ず返される答がある。「余裕がなく、時間がない」。たしかに、小さな工場では、経営者も同時に作業者であり、工場を止めてネットワークづくりに出かける余裕はなさそうだ。商店の場合も、商店街の定休日に休めても、多くの人が集う土日や休日は店が多忙であり、出かけることはむずかしい。英国の政治家で著作家のチャールズ・バクストン（一八二三〜七一）の名言がある。「時間が欲しければ、自分でつくるしかないだろう」。時間をつくる工夫が必要だ。それこそが、経営者としてのマネジメント能力獲得の第一歩である。

前述の鄭の言う、経営者と作業者が分離されていない自営業者の「下限層」と、経営者が作業者と分離され、営業活動や情報収集活動に専念できる「上限層」との間には、深い溝が存在する。

下限層から上限層へ移行するには、ネットワークの形成に成功したケースがほとんどである。小さな企業の成長は、経営者がさまざまなネットワークから、その都度、必要とする人材や情報を獲得した結果でもある。

わたしの調査したケースで、偶然ともいえる機会に、職場に不満をもつ人物に出会い、その人物が作業者数人の小さな工場で働くことになり、品質や生産性を上げることに貢献し、さらに、その人物が必要な人材を引き寄せ、成長を遂げたケースがある。この機械修理から始まった小さな町工場は、現在は自社製品をもつ、四〇名以上の従業員をかかえる特殊設備の専門機械メーカーへと飛躍した。この企業は、ある時点から地元の工業高校からの新卒採用へも踏み切った。

この意味では、下限層から上限層への移行は、〈経営者＝作業者〉→〈経営者が作業者を兼任〉→〈経営者と作業者の分離〉という方向へ、自分たちの事業をどのように変化させていくかにかかっている。

## 小さな企業の打開論

1　小さな企業の打開策は、資金調達面の改善よりも、むしろ有為な人材の投入にあった。小さな企業の経営者のライフヒストリーに取り組んできたわたしにとって、この点は自明である。小さな企業の場合、適切な人材の投入が、状況を一挙に改善させる一方、不適切な人材の投入は、あっという間に企業を破綻させもする。小さな企業のブレ幅は大きい。この種の事例にはこと欠かない。小さな企業は人材投入に慎重にならざるを得ない。

さて、政府は働き方改革を大きく打ち出した。その前提には、以前から強く主張されてきた「ライフ・ワーク・バランス」論がある。だが、政府の働き方改革で、注目すべきは「副業の勧め」である。現在のところ、副業を解禁としたのは製薬、精密機器、ソフトウェアや旅行などの関係企業である。副業容認が、今後、どの程度まで社会的な広がりをみせるのか、注目される。

副業の拡大には、供給側と需要側の双方の力学が働く。供給側は、いまのところもっぱら大企業である。需要側には、三つのセクター――個人、民間企業、非営利組織――がある。ここでは民間企業、とりわけ、小さな企業が、高度専門職などの副業者を利用できる可能性を探っておきたい。

一つの例として、就業意識の強い人たちと、仕事を依頼したい企業とのマッチング・システムを構築して、遠隔地の企業に人材を派遣するビジネスを作り上げた、子育て中の主婦がいる。彼女の場合、大学を卒業して地元企業に勤め、結婚後も仕事をつづけたが、出産によって退職することになった。子供が就学年齢に達したのを機に求職活動を行ったが、通勤時間や勤務時間の制約があり、大きな壁にぶつかった。

彼女が始めたのは、情報通信技術を利用したマッチング・ビジネスであった。在宅で仕事をしたい主婦などと、繁忙時だけにオーバーフローする業務や一時的に必要となる業務を結び付けるビジネスである。具体的には、会計事務、プレゼンテーション用資料の作成、顧客管理のデータ作成などの仕事を企業から受注し、在宅勤務者に配分する。インターネット環境の整備によって、作業をネット上でやり取りすることは、セキュリティー面をきちんと構築すれば、遠隔地であっても可能である。こうした人材派遣システムは、小さい企業も利用できる。

関東圏の事業所と日本各地の主婦がネットでつながることで、主婦たちの副業的ビジネスが成立する。関東圏の事業者から七〇〇キロメートル離れた家庭のテーブルの上で、主婦がパソコンで会計処理事務を行い、データをネット回線で即座に送り返す。このようなことは、ほんの十数年前までは考えられなかった。ただし、このビジネスは経理事務、データ入力、資料作成、等々の定型的な事務作業に限られ、非定型的な仕事などについては、困難なところもある。

こうしたサービス業は、今後の小さな企業の新たな事業分野となる可能性が大いにある。つまり、小さな企業への支援サービスが、小さな企業の新しい事業分野となりうる。たとえば、専門家派遣サービス業である。

この種のビジネスは、レーガン政権下の米国ですでに始まっていた。当時の高金利政策によって、米国製造業の空洞化が顕著となった。結果、それまで強い米国経済を代表した重厚長大産業——オールド・エコノミー——が衰退し、代わって登場した新しいビジネス——ニュー・エコノミー——の象徴であるシリコンバレーを中心としたハイテク・スモールビジネス——ベンチャービジネス——の興隆がみられた(*)。

*この点からの米国経済論については、つぎの拙著などを参照。寺岡寛『アメリカの中小企業(増補版)』信山社(一九九四年)。村山祐三・地主敏樹編『アメリカ経済論』ミネルヴァ書房(二〇〇四年)。

重厚長大産業では、リストラクチャリング=事業再編と雇用削減が進んだ。正規従業員が削減され、非正規従業員が増加した。この動きは他の多くの産業にも波及した。

こうした状況下で急成長企業の一角を占めたのが、非正規職=期限付き雇用者(テンプ・ワーカーズ)の派遣ビジネスである。一般職から高度専門職までをカバーした、いわゆるテンプジョブ・ビジネス業——派遣——でのなかには、創業後に急成長を遂げた小さな企業も多かった。

従来、この種のビジネスは狭い地域内で行われていた。だが、求める側と求められる側をコンピュータ上でマッチングさせるシステムを構築することで、ビジネスの範囲は産業や職種、そして地域の壁を超えて全米をカバーするようになった。

求める側は、コンピュータに職種や労働条件などのデータを入力し、求められる側は求める側のデータから自ら選択し、申し込む。わたしもどのような職種があるのかを公開ウェブサイトからチェックしたことがあった。記帳やデータ入力などの一般事務は当然ながら、原子力発電所のメインテナンスなどの専門職もあった。

米国で事務職について、非正規職=派遣社員化が、コンピュータ上のマッチング・システムを通じて展開したのは、各社がそれまで独自に行っていた事務作業が、ワードやエクセルなどソフトウェアの登場で、標準化されていった側面も大きい。

今後も、ネット社会の進展は確実に加速化するだろう。インターネットなど情報通信技術は、ある種の公共財や公共サービスとなった。そこにあらゆるシステムを乗せることで、従来の地域や時間の制約を超え、小さな企業でもさまざまなビジネスを展開することが可能になった。

アマゾン(*)などのネットビジネスの登場もある。アマゾンも当初は小さな企業であったのが、ネットシステムを拡大させ、大小を問わず、実店舗を展開する企業に大きな影響を与えた。

*ジェフリー・プラストン・ベゾス（一九六四〜）が創業したネット通販企業である。ベゾスはプリンストン大学卒業後に金融システム開発企業や金融業界で働いた後、ワシントン州シアトルでオンライン書店を起業した。これがのちにアマゾンへと発展する。

最初にビジネスモデルを確立させ、短期間で急成長させることで、その後の模倣者と大きな距離を空けトップを走り続ける。そのことで、既存産業に大きな影響を与えつつ、業種横断的に大きなマーケットシェアを確保する。アマゾンなどの急成長企業はそのビジネスモデルを示した。では、これからも、アマゾンのような成功話が次々と登場するのだろうか。

## 2

大きな企業も小さな企業も、その規模なりに、経営課題に直面する。マネジメントとは、そうした課題を何とか解決することである。問題の原因を早く突き止め、その解消に努めることが求められる。その意味では、マネジメントとは適切かつ迅速な打開策を考え、実行することである。

マネジメント＝打開策の模索の過程には、企業規模の大小の違いが反映される。結論を先取りすれば、打開策の「上限」が異なる。つまり、経営課題の解決に投入できる人材や資金の多寡が、企業規模によって異なる。

そうであるならば、小さな企業から大きく成長を遂げた企業は、小さな経営資源をどのようにやりくりしたのだろうか。成長を遂げるケースと、そうでないケースの差はなんであるのか。興味の尽きない研究テーマである。

このテーマの解釈には、研究蓄積がある。かつては、成長を妨げる支配・従属関係＝収奪関係の存在論が優位を占めた。下請型と独立型の存立形態の比較分析において、個別企業の資本蓄積を妨げる要因の一つに、小さな企業が自らの力で市場を開拓できないことがあげられた。それが特定企業への依存構造を作り上げるとされた。そうであるなら、停滞と成長の分水嶺は市場開拓力である。私もこの見方を支持する。

そうだとしても、さらに問うべきは、なぜ市場を開拓できないのか、この点である。これを解く鍵の一つは、「成長企業にはヒット商品がある」ことである。とりわけ、耐久消費財分野の成長企業には、かつての停滞時期を救ったヒット商品の存在がある。

そうしたヒット商品は、いくつかの偶然が重なって生まれる。まず、その商品の登場の時期がより早くても、遅くてもヒットしなかったであろう。また、新商品を考えたパイオニアたちの感性もある。そうした感性は学校での正式なビジネス教育で磨かれるよりも、その人物の持って生まれた才能や家庭環境による。この種の偶然論を頭から否定することはできない。

どのような分野であれ、毎年新しい商品がつぎつぎと登場する。それなりに事前の市場調査を行った商品であっても、すべてがヒットするわけでは決してない。アマゾンやグーグルなどが収集する膨大な消費者の購買データの分析から、ヒットの平均打率を引き上げることは可能であるかもしれない。地域別、年齢別に購入傾向などを詳細に分析して、ヒットの確率の高い商品を絞り込むことはできるだろう。だが、それでは過去の傾向の延長線上にヒット率を計算したにすぎない。これまでにない画期的な商品が生まれ、ヒットするのはやはり偶然性によるのかもしれない。

パイオニアたちのもって生まれた感性は、やはり無視できない。だが、その後の成長を支える仕組みを構築したマネジメントの力も大きい。偶然の先にあるのは、偶然を必然にかえるマネジメントの仕組みづくりである。それができたのは、創業者に、周りに仕組みづくりに貢献できるだけの人たちを引きつける、人間的魅力があったからでもある。

# 第四章　小さな企業の衰退論

メーカーの消費者化という変質である。メーカーでありながら実はモノを作らず、できるかぎり安く買いあさる。おおよその設計と、買い集めた部品を組み立てるくらいしかない。メーカーの仕事は、もはやマネージングであり、実業というより虚業に近い。

（小関智弘『町工場巡礼の旅』現代書館）

## 小さな企業の経営論

1　市井の人の生き方を記録してきた作家の上原隆は、小稿「会社がなくなった」で、ある新聞社の倒産後の記者たちを追った（『喜びは悲しみの後に』所収、幻冬舎、一九九九年）。「会社が倒産すると社員はどんな運命をたどるのだろう?」でこの小稿は始まる。そのなかで、学生時代から新聞記者に憧れ、念願の新聞社に職を得て記者となった人物を、上原は取り上げている。

その人物は新聞社の労働争議にも参加した。その争議も終わり、組合も解散し、他の新聞社への中途採用の口もほとんどない。時間だけが過ぎた。家族の生活もある。妻の親戚筋の保険代理店を営む人に会ううちに、「自営の道しかない」と思うようになった。そこで、一念発起して、火災海上保険会社の研修生となり、保険代理店という自営業を目指し始めた。

上原はつぎのように締めくくっている。

「ここに書いた人以外にも、二十三人の人に話を聞いた。再就職で希望がかなったのは二十代の人たちだけだった。二十代の人の中には、試験を受けて他の新聞社に入った人もいる。三十代以上は希望の職種に就くことができていない。何度試験を受けても採用されない。結局、生活費を得るためには何でもしなければならず、パート労働や派遣社員や自営業者になっている人が多い。不安定だ。

会社が倒産してよいことはない。社員にも経営者にもよいことはほとんどない。……会社なんて生活費を稼ぐだけの場所さ、なんてたかをくくったことをいいたくないなと私は思った。私は彼(インタビューしたうちの一人)の言葉に心打たれたのだ。『たかが私企業なのに、どうしてこんなに愛着があるのだろう』」。

なぜ、そこまで年齢が大きな意味をもつのだろうか。なぜ、企業は年齢的若さを執拗に求めるのだろうか。貴重な経験を積んだはずの三〇歳以上の人材なのに、なぜ、希望の職種に就くことが困難なのだろうか。

人はだれでも歳を重ねる。二五歳の若者も、五年過ぎれば三〇歳となる。二〇年も過ぎれば、四五歳の中年である。なぜ人は、少年、青年、中年、それ以降は老年と歳周りで輪切りにされるのであろうか。能力的な衰えは一律ではない。専門性ではむしろ高まることもある。

一律規準的な年齢重視——暦年齢——の思想は、ときに人を深く傷つけ、人のやる気をそぐ。「三十代以上は希望の職種に就くことができていない」事実は、日本の新卒一括採用のシステムと合わないからなのか。現在も、新卒一括採用が標準的な社会的規範であったころの慣性力が、働いているのだろうか。

同じ組織で一〇年間働いた人たちのなかに、他組織に働いた同年齢層の人たちが入社すれば、組織の規律が乱れるというのだろうか。少なくとも、私の年齢層には、まだその感覚が残っていることは否定できまい。日本は、未だに紛うことなき年齢差別社会なのか。

正規職を希望しても、中高年になると、就職は困難になっている。上原は「結局、生活費を得るためには何でもしなければならず、パート労働や派遣社員や自営業者になっている人が多い」とみた。

上原の小稿から、すでに二〇年ほどが経過した現在、多くの職場では、長く働いてきた人、短期間のパート職、三年ほどの期間の契約社員、派遣会社からの一定期間の派遣社員と、多様な人たちが働くようになってきた。これは企業だけではない。学校でも、事務部門ではパート、派遣——司書も含め——、嘱託など多様な働き方が普通となった。役所も同様である。

大企業や役所などの組織構成は、大きくいえば、正規と非正規の二層構造となってきた。政府統計では、三人に一人が非正規職である。その非正規職も、パートタイマー・アルバイト職、期限付き職、派遣職、嘱託の四層に分かれるようになった。

人手不足が問題視されている現在、この種の二層あるいは四層の雇用構造は、従来のような正規職を中心とした構造へと戻るのだろうか。それとも、ここで人生の選択を考えれば、非正規職か、自らを雇う＝起業になるのだろうか。つまり、小さな企業＝自営業が、もう一つのキャリアパスになりうるのだろうか。

かつて自営業に関わる議論の主流を占めたのは、その供給元である社会階層の経済的位置づけであった。その経済的実態としては、他に就業機会がなく、被雇用者の平均的賃金よりも、きわめて低水準であっても、自営業において自らを雇用するしかない点が強調された。いわゆる「不完全就業（under-employment)」理論である。

彼らのなかには、ピラミッド型のサプライ・チェーン構造の下からスタートした町工場なども多かった。親企業と下請企業との間にある賃金格差も問題視された。下請企業の賃金は一般的な被雇用者の賃金を下回る。不完全就業論の根拠もここらあたりにあった。賃金の機会費用論からすれば、ほかにそれ以上の賃金で働ける機会がなく、そのような賃金に甘んじざるをえない状況があるとされた。

現在においても、同様の事例はある。たとえば、規制緩和によって、小さな運輸業者が新たに運輸サービス業に参入するようになった。しかし、悲惨なバスやトラック事故が度々起こるなかで、トラックドライバーたちの劣悪な労働条件、長時間労働、孫請け業者の存在が浮かび上がり、是正のために、労働環境の適正化を促す法律規制が強化されてきている。

だが、法的規制の強化だけでは、今後の展望がみえてこない。それは機会費用論と不完全就業理論が依然として、状況悪化の背景として作用しているからである。

小さな企業＝自営業としての経営論は、どうあるべきなのか。創業者は低賃金に甘んじざるを得ないのか。低賃金構造が小さな企業の存立基盤とならざるをえないのか。

戦前の経済官僚の吉野信次（一八八八～一九七一）は、日本の家内工業が原材料提供や完成品や半製品の販売において、問屋が経済的優位性を持つなかで、自立的に発展できる方途を探った。吉野は、小さな家内工業がその低賃金依存の構造から、どうすれば脱することができるのか、その可能性を模索した官僚の一人であった。(*)

＊吉野信次の政策思想については、つぎの拙著を参照。寺岡寛『中小企業と政策構想――日本の政策論理をめぐって――』信山社（二〇〇一年）。

吉野の念頭にあったのは、日本の小工業＝家内工業者たちの生産性と品質の向上であった。吉野は、個々の小さな事業者たちが収益を確保――資本の蓄積――して、機械化＝近代化へと踏み込むことを期待した。それには、家内工業者が問屋に対して取引上の対抗力を高める必要がある。工業組合を組織することが推奨された。吉野は工業組合法の立案・制定に尽力した。

小さな企業の経営課題は、規模が小さいながらも資本を蓄積して、経営上の問題点をいかに解決するかである。しかし、小さな企業論では、しばしばこの点が等閑視された。小規模ゆえの柔軟性とか小回りの良さだけが強調されてきた。柔軟で小回りが良い利点が、経営の安定につながらないのはなぜだろうか。この問題を解く鍵は、だれにとって、柔軟で小回りが良いのか、という点にある。

この点を、現在の「B to B」、「B to C」の視点からみておく(*)。まず、「B to B」取引での柔軟性とは、発注側が、価格・品質・納期において、受注側に柔軟な対応を要求できる関係である。たとえば受注側の企業が家族企業である場合、納期がぎりぎりの受注でも、夜遅くまで住宅兼仕事場で取り組むことが可能である。こうした残業をすべて価格に転嫁することは、しばしば困難である。

*Bは Business、Cは Customer の略である。「B to B（B2B）」とは企業対企業（事業所）の取引、「B to C（B2C）」は、企業と一般消費者（最終ユーザー）との取引を示す。当初は、インターネットを通じた電子商取引の営業形態に使われた。現在では、通常取引の分類用語として使われる。

これは受注側においては、無理をした取引である。無理をしてまで、受注をするのは、大勢の競合他者がいるからだ。背景には、新たに取引先を開拓する困難さを考えれば、多少不利であっても、継続的な取引関係を維持したいという思いもある。

「B to C」においても同様の事情がある。夜遅くまで営業を続けることのできる小さな商店は、住居と店舗が同一である場合が多い。勤務時間もあってないようなものだ。そのような住環境が、ある種の時間外営業を可能にさせる。有給雇用者を雇っているフランチャイズ型のコンビニエンス・ストアであっても、近くに住むオーナー家族が何かあれば駆けつける。そのような対応が、サブシステムとして作動する。

こうした無理の効くやり方を、「柔軟性」で置き換えること自体に問題が多い。

2　小さな企業が、自分たちの所得水準を改善していくには、事業の収益性を引き上げるしかない。無理をしてまで低賃金の仕事を引き受けなくてよい経営方法とは、なんであるのか。小さな企業の経営者たちは、これまでいろいろと知恵を絞ってきた。その知恵は業種・業態で異なる。

製造業では、一般市場に直結する最終製品をつくるところは、決して多くない。ほとんどの小さな企業は、最終製品に組み込まれる部品や部品の一部の加工を担っている、いわゆる下請型である。この意味では、前述の「B to B」型が多い。「B to B」型は発注側の生産過程に組み込まれていて、完成品メーカーでないがゆえに、一般的な需要者を自らの積極的なマーケティング力で開拓していくことは容易ではない。

それゆえ、下請企業にとって、最終製品をつくりだすことは大きな夢だ。しかし、最終製品をつくっても、課題は山積みだ。製造コストはある程度計算できても、販売のための営業費用はなかなか算定できない。営業費用を捻出するには、かなりの数量の受注をこなす必要がある。そのためには追加的な設備投資が必要となる。商社や問屋に販売をゆだねることも多い。だが、販売を外部者に委ねてばかりだと、自らのマーケティング能力は形成されない。

他方、「B to C」型は、伝統産業や地場産業の特徴の一つでもある。いわば、「工房型」ビジネスである。直接、消費者が工房を訪れ、製造過程を見学して購入するようなビジネスモデルでもある。観光産業の地域資源として、この種の小さな事業が見直されている。工房型ビジネスは、今後の小さな企業の生き残り策として興味深い。手作りで大量生産に向かない嗜好品の場合、どうしても製造単価が高くなる。だが、消費者が実際に手間ひまをかける職人たちの作業を身近に観ることで、高価格帯にも関わらず購入意欲を刺激できる。

商業やサービス業の場合には、小さな企業は自分たちの商圏に拘らざるを得ない。商業やサービス業は、製造業と大きく異なる。消費者立地型の産業である。消費者がいるところに、店舗を開設し、消費者の移動とともに店舗を再立地することが、商業経営の重要な判断である。これには資本力や人材の確保が必要である。小さな商店などの経営上の課題は、現在もこの点に集約される。

地方の人口減少地区で、廃業が増加しているのは、商圏の縮小の反映である。その場合、消費者が増加した地区へ、新たな店舗を再立地するだけの資本力がなければ、事業の継続は困難である。そのような商店は、承継者問題にも苦しむ。

他方で、小さな商店街にコンビニエンス・ストアが登場したことは、若者世代の購買意識や購買行動を変えた。彼らは、商店街の濃厚な人間関係のなかで育った経験がなく、小さな商店での買い物に依存しない。コンビニエンス・ストアは、そうした新たな消費者層にとって、その名称のとおりに便利な店となった。

さらに、現在はネット・ショッピングが普及した。手元のスマートフォーンからワンクリックであらゆる商品を購入できる。こうしたネット上のサービスも消費者に受け入れられつつある。背景に、若い世代の購買意識や生活スタイルの変化がある。実際に店舗を訪れるよりも、コンビニエンス・ストアやネット・ショッピングを利用する方が便利で手軽なのである。

このような傾向に対して、小さな商店もさまざまに知恵を絞り、工夫を凝らす。たとえば、空き店舗や古くなった商業施設のリノベーションを進めたり、デザイナーや学生たちの協力の下、日曜や祭日にイベントを行うなど、地域外からの消費者を引き付ける努力も続けている。

確かに、イベントの経済効果はある。それだけでは、祝祭日のイベント時に商店街や周辺の商店などの売り上げが伸びても、年間を通じてやり続けるには、エネルギーも必要があり、費用負担も大きい。また、近隣の商店街も同様のイベントで対抗するため、イベントの企画力も要求される。大学生などボランティア頼みのイベント開催は、その種の町おこしと同様に問題が残る。

移り気で気まぐれな消費者をつねに引き付けておくことは、容易ではない。人口減少や高齢化によって消費市場全体のパイが縮小しているなかでの、消耗戦のような競争が全国各地で繰り広げられている、といえないこともない。

## 小さな企業の衰退論

1　小さな企業はいまも減り続けている。小さな企業の衰退は、個々の企業という枠を超えて、わたしたちの社会全体にどのような影響を与えるのか。大別して、つぎの四点がある。

（一）地域経済への影響――地域市場の縮小に加えて、雇用面の縮小。
（二）地域社会への影響――地域住民の催事や、地域の治安などに果たしてきた、企業の役割の減退。
（三）地域文化への影響――地域の祭事への物心両面の支援の減少によって、地域文化を維持する諸々の力の低下。
（四）企業文化への影響――その地域にとって、もっとも身近な企業文化の担い手である小さな企業の減少による、地域の企（起）業文化の変容。

私たちは往々にして、失ってみて、その大切さに気づく。小さな企業は、私の世代にとっては、機械油が熱せされて発した匂いのあふれる町工場、顔見知りの小さな商店などのイメージであった。だが、時代は変わり、そうした風景は失われた。現在の若者たちが、そのようなイメージを結ぶことは困難であろう。

日本社会は、よくいえばダイナミック、悪くいえば何でも切り捨てて進む、盲目的な成長志向の社会である。一世代違えば、町の様子も大きく変わる。家族の形態も変わる。

現在の社会の中心世代は、大型量販店やコンビニエンス・ストアでの購買が当たり前の世代、モノが作られるところを実際に工場で観察する機会が大きく減じた世代である。職場と生活圏は分離され、ベットタウン(*)化した郊外に住み、都心のオフィスへ通勤する生活が普通となった。若者たちの就業観や職業意識も、そのような社会的文脈の下で形成されてきている。小さな企業の減少は、ビジネスを身近に感じる感性を萎えさせる。

*ベッドタウン――独自の産業基盤＝雇用の受け皿をもたず、大都市近郊にあって、大都市への通勤者の居住地となっている地域の総称である。製造業は少なく、もっぱら商業やサービス業の立地地域である。特徴は、昼間人口を大きく上回る夜間人口である。昼間人口と夜間人口の差異は、昼間は大都市で働き、居住地には夜間に寝（ベッド）に帰るだけという生活の表れである。こうしたライススタイルは、地域での社会活動の低さや地域政治への無関心に現れる。

さて、先にみた四点（一二九頁）にふれておく。

（一）市場への影響は、原材料、商品やサービスの購入規模の面に現れる。他地域からの仕入れなどは別として、地域内における仕入れ金額の減少は、関連する企業の売り上げに直接現れる。小さな企業の雇用規模は、もっとも小さな事業体は経営者一人だけ、つぎは家族従業者の範囲内、他は常用雇用者が数人、あるいはパートタイマーやアルバイトなど数人の雇用が典型的であろう。そうした雇用が失われることになる。

(二)地域内の催事などのボランティア活動を支えてきたのは自営業者などであった。彼らが廃業すればイベントの回数も減少し、地域社会の衰退感に拍車がかかる側面もある。また、自営業者は、地域の清掃や治安などで、見えない費用負担をしていた側面もある。自営業者の活動が少なくなれば、さまざまな社会生活面に行政がかかわらざるを得なくなり、行政費用の負担増もあろう。

(三)(二)とも関連する。(*)共通点は人口減少の結果として起こっていることだ。将来、もっと極端な変化が起こることも考えられる。

＊地域文化の構造とそのイメージの再生産のメカニズムについては、つぎの拙著を参照。寺岡寛『地域経済文化論―ミュージアム化される地域―』同文舘(二〇一四年)、同『文化ストック経済論―フロー文化からの転換―』信山社(二〇一七年)。

(四)地域市場のニーズに呼応して、経営をやりくりしてきた小さな企業も、経営者の高年齢化とともに変わらざるを得ない。経営者が、七〇歳前後になれば健康問題も出始める。結果、事業の継続が困難となるケースも多い。その場合、親族等に承継者がいなければ、小さな企業は消滅する。事業を他者に売却するやり方もある。大きな成長が望めなければ事業を引き継ぐ人は少ない。小さな商店に代わって、増加してきたコンビニエンス・ストアも、今後減少するのは予測の範囲内である。

他方、売買対象となり得る小さな企業もある。小さな企業を一つの商品とすれば、その品質はそれまでの取引関係やノウハウ化された製造技術である。ただし、高品質でも、そのような商品やサービスの市場が縮小していくのであれば、企業の売却価格は下落する。あるいは下落しても買い手が現れなければ、承継不可能である。とりわけ、個人の技量として蓄積されてきた製造ノウハウは、それを引き継ぐ職人がいなければ、事業を承継することは不可能に近い。

2　小さな企業の減少が地域経済全体の衰退を意味するとすれば、その過程はどうであろうか。たとえば、買い物難民といわれるように、地域の消費者――とくに高齢者――にとって、商品を購入できる近隣の商店が消失すると、不便になる。もちろん、高齢者と若者、中高年層とでは購買行動に大きな差異がある。自家用車など移動手段をもつ社会層は、少し離れた場所の商店やショッピング・センターへ買い物に出かけることができる。しかし、高齢者などには公共交通サービスが整備されていなければ、そのハードルは高い。一方で、ネット販売などの購買手段へシフトすることは可能である。一概に、小さな商店の消滅の影響を正確に見積もることはできない。

とはいえ、小さな企業の消滅は、仕入れ先へ影響を及ぼす。仕入れ先が同じ地域内である場合には、その企業の購買力の喪失が、地域内の卸商やメーカーに影響を与える。

経営者の高齢化に応じて、小さな企業がその役割を終えても、新たに小さな企業が生まれるサイクルがあれば、地域経済の活性化が促される。しかし、現実は創業が減ったことで、企業の廃業が問題として大きくクローズアップされることになった。新陳代謝機能が低下することで、身体にさまざまな障害が出てくるように、小さな企業が新たに生まれないことで、地域にさまざまの負の影響が出てくる。

あくまでも問題なのは、起業率の低下である。小規模事業の積極的な担い手が少なくなったことで、〈小さな企業の減少→地域経済の衰退→さらなる小さな企業の減少〉の負のサイクルが作用する。

小規模事業の積極的な担い手が現れることは、とりもなおさず、地域経済において、ある程度の拡大が見込める展望を示唆する。ある程度の将来展望がなければ、自ら事業に乗り出す人たちは少ない。地域経済に刺激を与える新たな企業の登場への期待は高い。だが、新たに生まれる小さな企業が地域で活躍できる余地があるのかどうか。それはかつてのように量的拡大に偏したものではなく、質的な進化をともなったものでなければならない。地域の人たちも、自分たちが小さな企業を育てようという気概をもたねばならない。

## 小さな企業の打開論

1　これからの小さな企業のイメージは、従来の小さな企業像とは、異なったものである。若者が憧れるモデルが必要だ。この種のモデルがないところに、現在の時代的閉塞感がある。そうした時代的閉塞感を打ち破るには、小さな企業の新たな担い手層が求められる。新約聖書のマタイ伝にある「新しき酒は新しき革袋に」の喩通りである。事業環境が大きく変化するなかで、新しき革（＝新しい事業形態）に新しき酒（＝新しい考えやキャリアをもつ経営者）が必要である。新しい担い手は、たとえば、フリーランス(*)や副業の延長線上での起業者層が考えられる。フリーランスや副業から派生しうる事業展開が、新たな小さな企業の設立につながるのかどうか、注目しておいてよい。

＊フリーランスとは、元々、ヨーロッパ中世の傭兵を意味した。特定の領主に属さず、異なる領主の要請に応じた傭兵である。ランス（lance）とは、槍（やり）のことである。自由契約の槍騎兵（フリーランサー）である。ここから転じて、自由契約のジャーナリスト、カメラマン、俳優、歌手などを意味してきた。

一般社団法人プロフェッショナル＆パラレルキャリア・フリーランス協会による、フリーランスの類型を紹介しておこう。

（一）独立系フリーランス（雇用関係なし、業務委託契約・準委託契約）――経営者（法人、マイクロ法人）、個人事業主（副業届提出者）、すきまワーカー（定年退職者、主婦、学生など）。

（二）副業系フリーランス（雇用関係あり、派遣・アルバイトを含む）――経営者（起業者）、個人事業主、すきまワーカー。

職種的には、

（一）クリエイティブ・フリーランス――クリエイティブ・ディレクター、コピーライター、アートディレクター、編集者、アニメーターなど。

（二）職人フリーランス――理美容師、一人請負親方、トラック運転手、音楽家、ダンサー、スポーツトレーナー、カウンセラー、ウェブデザイナーなど。

（三）ビジネスフリーランス（インディペンデント・コントラクター）――フードコーディネイター、写真家、士業、データ処理、技術者、技能者、広報・マーケター・人事・財務スペシャリストなど。

契約内容・業務範囲的には、つぎのように分類される。

（一）タスク型（スポット型）――定型的業務、数日単位。たとえば、データ入力、翻訳、バナー広告のデザインなど。

（二）プロジェクト型――非定型的業務、数か月から数年単位。たとえば、人事制度、新規事業、システム開発など。

（三）ミッション型——非定型的業務、限定期間から無限定期間。たとえば、ブランディング、人材開発、販路開拓など。

こうしたフリーランス的な働き方の延長に、小さな企業の新たな担い手層が形成されるのかどうかは、必ずしも明確ではない。だが、フリーランスの人たちは、経営打開策に呻吟する小さな企業のアドバイザーとして、大きなポテンシャルを有している。特定の経営課題の短期的な解決にはタスク型のフリーランサーの活用が、新規事業などへの取り組みにはプロジェクト型のフリーランサーの活用が、双方にとって互恵的ではないだろうか。

他方、副業については、概念と範囲は多様である。ここでは、副業を農業と同様に、「第一種」と「第二種」とに分けてとらえておく。

第一種副業——主たる本業があって、副業が時間的・収入的には従である場合。

第二種副業——副業——複数の場合も含め——が主である形態。

就業規則の緩和もあり、大企業も社員に一定規則を設けたうえで、副業を解禁するところもでてきた。副業をパラレルキャリアと位置付ける見方もある。

副業をする側のメリットは、収入増、スキルアップ、自社を離れた人脈作りや自己実現にある。他方、副業を認める側のメリットは、社外の仕事がスキルアップ教育となること、社外人材との交流が社内への刺激になること、退職後のセカンドキャリア教育となること、などである。

考えてみると、農業の場合もそうであるが、主たる本業で十分な収入があれば兼業＝副業に携わる必要はない。第一種副業も主たる仕事が手一杯であれば、本来は、成立しがたい働き方である。ただし、休みなどを利用してのボランティア活動が、社会的認知度を得てきているのと同様に、ニーズに応じて、自分の専門能力を提供することは、有意義である。もちろん、本業と利益相反しないことや業務に関する守秘義務などのルールが必要である。なかには、「受注先」が増えるにしたがって、第一種から第二種へと移行するケースも出てくるに違いない。

さらに、経営コンサルタントあるいは専門スキルを提供する専門家として、自立していく可能性もある。また、副業者同士がネットワークを作り、それぞれが独立しながらもチームを組むことによって、新たな組織形態をもつビジネスとなる可能性もある。この種の組織は、固定した専門家などから構成される多くの既存組織とは異なり、柔軟にチームを編成できる。

ビジネス環境の変化が激しい中にあって、こうした柔軟な組織が新たな創業のあり方の一角を形成することが、既存の組織にも影響を与える。このことは、やがて働くことの意味だけではなく、働き方のスタイルにも影響を及ぼすだろう。

# 第五章　小さな企業の展望論

いったい進歩というのは何であろうか、発展というのは何であろうか……進歩のかげに退歩しつつあるものをも見定めてゆくことこそもっとも重要な課題ではないかと思う。少なくとも人間一人一人の身のまわりのことについての処理の能力は過去に比べて著しく劣っているように思う。物を見る眼すらがにぶっているように思うことが多い。

（宮本常一『民俗学の旅』講談社）

## 小さな企業の現状論

### 1

日本の企業数は減少傾向にある。なかでも、特に減少しているのが小さな企業である。

一般的に、企業の事業継続が困難となるには、二つ理由がある。一つは経営上の行き詰まりによる倒産、もう一つは廃業である。ここ十数年来の減少は後者のケースが多い。しかし、廃業であろうと、倒産であろうと、将来に対する展望がないことが背景にある。事業に将来展望があれば、たとえ親族承継が困難であっても、第三者に経営権を委ねることで、事業そのものの承継は可能になる。

適者生存の法則の下で、小さな企業の現状を比ゆ的にいえば、人口減によって地域市場が縮小するなかでの、椅子取りゲームである。椅子取りゲームでは、椅子の数が減れば、当然ながら、ゲームから降りる人が増える。体力的にゲームに参加しうる人、すわる椅子を探す意欲のある人だけがゲームに残る。

ところで、経営者の人生サイクルに沿った廃業は、企業に務める人たちの定年退職に近い。ただし、経営者の退職年齢は普通のサラリーマンよりは遅い。サラリーマンの場合、退職者の定年後に新しい人事が行われ、通常、若い人が昇格するかたちで、会社の新陳代謝が進む。

他方、小さな企業の経営者＝所有者は、サラリーマンとは異なる退職準備が求められる。それには、二つしか選択肢はない。一つは承継者が見つかるなら、早期に退職準備にかかり、承継者と一緒に、将来の成長市場や分野を見出す。二つめは、承継者がいない場合で、整理統合するかたちで、事業を終える準備をする。

テレビドラマには、定年を迎えたサラリーマンが花束をもらって、職場を後にするシーンがよく出てくる。小さな企業の経営者も負債処理なども終え、花束を抱えて事業から引退できれば理想的だ。老後を豊かに送れる退職金＝蓄えがあれば、なおさら良い。

経営者としての自覚と発想がある人の意識は、眼前の仕事をルーティン的にこなしている人とは異なる。事業承継か廃業かの選択観も、経営者意識の強い人とそうでない人とでは異なる。経営者的発想があれば、一つめの対応策＝承継者探しを早めに始める。早く始めることで問題解決のポテンシャルは高くなる。

冒頭に、「進歩」と「発展」の発想を問いかけた宮本常一の言葉を紹介した。この碩学の含蓄ある言葉の意味合いを思い起こす必要がある。「進歩」と「発展」の蔭に隠れた「退歩」について問うことが必要だ。この問いなくして、「進歩」と「発展」について考えを深めることはできない。

経済や経営の視点では、進歩・発展と退歩は、経済成長率の高低に等値されてきた。そこではつねに経済の拡大が前提であった。高い経済成長率は進歩・発展を意味し、低い経済成長率は退歩とみなすことが暗黙知であった。

しかしながら、現在は、この種の考え方の再考を迫られている。それは地球環境への負荷や石油・原子力などエネルギー源の見直しからだけではない。成長そのものに対する従来の発想の転換が必要となっている。無限の成長などはありえない。

宮本が「少なくとも人間一人一人の身のまわりのことについての処理の能力は過去に比べて著しく劣っているように思う。物を見る眼すらがにぶっているように思うことが多い」と述べたのは、時代転換への彼の鋭い感性であった。日本各地——離島はほぼすべて——を旅し、その息遣いに謙虚に耳を傾け、人びととの対話を続けた宮本は、経済社会のあり方が、遅かれ早かれ大きな転換を迫られることに気づいていた。

現在、小さな企業に関して、明るい展望をもって語られていない。それは、「小ささ」の経済的・社会的存立理由が積極的に語られていないからである。

エネルギーに関して、集中的供給システムではなく、分散的供給システムの重要性が増している。エネルギーと同じく、小さな企業の積極的な存立基盤を示唆する鍵用語は、経済活動の「分散的」システム、個別の「地域性」、「進歩・発展観への見直し」ではないだろうか。

集権的・集中システムと分権的・分散的システムの双方には、効率的な点や非効率的な点、強い点や脆弱な点がそれぞれに存在する。本来、この二つのシステムは相互性・互恵性をもつ。集権的・集中的システムは規模の経済性に基づき、分権的・分散的システムは範囲の経済性にもとづく。だが、経営環境や社会環境の変化によって、これまでも規模の経済性や範囲の経済性に基づいた事業分野が変化してきた。にもかかわらず、見直しが進まないのは、現状に合致せず、むしろ状況を悪化させた旧態依然たる法律規制の存在、業界の固定的な利害構造、さらには人びとの慣性的な考え方の為である。

分権的・分散的システムは、小さな企業体のネットワーク構築が前提である。ゆるい組織を創り上げて、中心的な役割を果たせるリーダーが一定数いれば、集権的・集中的システムにも対抗できる。

小さな企業の経営者は良くも悪くもお山の大将、一匹狼的な存在である。組織を作り上げるのが苦手な人たちも多い。それだけに、小さな企業や事業体のゆるい連合組織体を作り上げることのできる人物――リーダー――が得られれば、現状を変え得る可能性が高い。小さな企業の展望はここからも拓けるのではないだろうか。

2　現状とは、つねに過去の事象との関係性の結果である。歴史の転換点といわれる状況の下で、変化が促され、新たな状況が生まれる。その際、重要なのは、転機へのモーメントの存在である。モーメントは、状況の変化だけではなく、むしろ人びとの意識や考え方にある。現在ではおよそ考えられないことが、わずか数十年後には社会的通念となることも多い。この種の変化はある日突然現れるわけではない。変化の底流には、社会通念と現実の齟齬とその解消への過程がある。

現状として語られている事象も、将来において、人びとの認識や意識が変化することで変化する。必然、過去における状況認識は、果たしてそれが正しい認識であったかのかどうか、これはつねに問われる。

経済予測の変数のなかでもっとも信頼性の高いのが人口統計である。もちろん、災害や戦争によって人口数が大きく変動することもある。だが、出生率と死亡率の関係性のなかで、人口動態はおおよそ予測がつく。

現在、人口数の減少による経済規模の縮小などが論議されている。社会学者、経済学者、財政学者、社会福祉政策などの研究者は早くから現在の状況を予測した。たとえば、六五歳以上の年齢層を高齢化の基準点として数十年まえから、「高齢化社会」（六五歳以上の年齢層の比重増）→「超高齢化社会」（七五歳以上の年齢層の比重増）という流れを予測し、社会や経済がどのように変革を迫られるのか、展望してきた。日本の場合は、この三段階の社会構造の変化が欧州諸国などと比較して、きわめて短期間に起こっている。

企業の経営課題も、こうした人口動態の下で変化する。全体の人口が減少したものの、年齢別人口の構成変化によって、商品やサービスの需要がむしろ増大する分野もある。逆に、人口減少以上に、年齢別人口の構成が需要を押し下げる分野もある。

たとえば、出生率が低下することで、乳幼児製品に関連する市場規模は当然ながら縮小する。にもかかわらず、事業縮小していない企業があるとすれば、その企業の存立基盤が他と比べて際立っていたか、あるいは、乳幼児製品から他の成長分野へと事業を転換することで、事業規模を維持拡大したかである。人口動態、とりわけ、人口構成の変化の予測に基づいた、衰退市場から成長市場へのシフトは、取り組まざるを得ない経営課題として認識されやすい。

もちろん、事業転換の準備期間はどの企業にも必要である。経営者の一番の仕事は、自分たちのビジネスの継続性の確保と、そのための将来の方向性を定めることにある。経営者は将来を予測しつつ、店舗の改装、商品の入れ替え、より適切な立地選択や再立地、設備投資、人材確保などに取り組むのが仕事だ。

だが、小さな企業の場合、現在の時点、自分の事業所のみに拘束されがちで、情報収集の範囲が狭い。同業他社や関連業界の知見、地域経済の流れにはどうしても鈍感になる。小さな企業には、人手不足の課題があり、経営者が自由に動き回れる時間的余裕が少ない。この点を打破しないと、将来の展望は容易に拓けそうもない。

他方で、大企業や中堅企業、特徴ある中小企業へと、小さな企業から成長を遂げた企業もある。この差異が生じた分水嶺は、経営者が経営者としての役割を果たせたかどうか、にある。

技術者出身でプレイング・マネージャーとして活躍した経営者もいる。経営者がそれなりに動き回ることは、大事である。動けば、良くも悪くも、結果はすぐに出る。なかでも、小さな企業の成長に決定的に影響を及ぼすのは、拡大市場や新たな市場へのアクセスである。当然ながら、市場開拓に熱心な経営者たちの活動が命運を分ける。

## 小さな企業の輪廻論

### 1

輪廻とは仏教用語で、車輪が回転し続けるように、人間が「三界——欲界・色界・無色界——の世界で、迷いの生死を重ねて、留まることのないことを意味する。ここから転じて、輪廻とは、同じことの繰り返しから逃れられない人の宿命である。

小さな企業も、日常において同じような経営行為を繰り返す。だが、実はそれなりになにがしかの新しさが付け加わってこそ、繰り返しが可能になる。たとえば、創業以来の伝統の味にこだわる小さな老舗企業の場合、国産の食材が少なくなり、輸入品を利用するケースも多くなった。そのような輸入材料を使用して伝統的な味を継承するには、昔と同じやり方は通じない。また、物流システムや保存方法も大きく変化するなかで、防腐剤などを使用せずに食品衛生法などをクリアーするには、それなりの研究と工夫を要する。そうした新たな工夫があってこそ、老舗事業の継続が可能になる。

老舗の看板を掲げる小さな企業には、繰り返しの取り組み以上に、古くて新しいやり方への模索がある。必要に応じて、品質保持と生産性向上のために、新たに機械作業などを取り入れても良いのである。

特にデザイン面では、現在の生活スタイルや趣向に応じた新しいデザインの導入が必要である。ただし、その際には、これまで重ねてきた手法の面などの継承が、重要な役割を果たす。新しいデザインによって、国内市場だけではなく世界市場への道が拓ける可能性もある。需要の創出なくして、伝統技術の承継は困難である。とりわけ、技術を承継できる職人の育成には、製品に対する安定した需要が必要である。需要＝市場が技術を承継させ、職人を育て上げる。

機械とは異なり、個人の身体や脳裏に具体化された技術や技能は強い。だが、人から人へと承継されなければ、それは脆い。それは文化に類似する。文化とは、何かが冠されてはじめて明確となる空気のような物や事である。文化は人びとに承継されなければ、容易に作りだすことは困難である。それゆえに文化は、固有の価値を有する。(*)

＊文化と地域社会や地域経済との関係性については、つぎの拙著に詳しい。寺岡寛『地域文化経済論―ミュージアム化される地域―』同文館（二〇一四年）、同『文化ストック経済論―フロー文化からの転換―』信山社（二〇一七年）。

人から人へと、ただ技術伝承をくりかえし伝えていくだけでは、将来への十分な存立基盤にはなりえない。世代ごとになにかしらの新しい工夫や試みが付け加わってこそ、存立基盤は一層強固となる。企業の規模こそ大きくならなかったものの、質をつねに高めてきた小さな企業＝老舗は一定数みられる。小さな老舗企業から学ぶ点は多い。

2　小さな企業は、生産単位が量的に小規模でも、関連分野――サプライ・チェーン(*)――への質的な影響は大きい。関連分野のあり方が変化してきた現在、小さな企業には経営面で変えてよい領域と変えてはならない領域の見極めが問われる。

＊サプライ・チェーン――一般に、原材料段階から製造工程をへて、最終消費者に至るまでの供給網の全過程を意味する。とりわけ、自動車産業のような加工組立型分野で、部品などの生産を担う「外注下請」企業との関係を実質的に意味する場合も多い。「外注下請」関係という経済的優位・劣位を示唆するような表現に代わって、サプライ・チェーンが使われるようになったのは、一つには国内依存の供給体制が崩れ、部品調達網がグローバルに展開してきたことによるとみてよい。

昔からの事業を繰り返していても、その意味合いは社会的にも経済的にも変化してきている。このことへの気づきは、残念ながら小さな企業においてはきわめて鈍い。

ここで日本の大企業、より正確には、世界の多地域で経済活動を行う越境的大企業の現状をみておく。日本の大手電機・電子機器メーカーの場合、役員構成では、社外取締役の数が増えた。社外役員の半数が外国籍の企業もある。彼らはいずれも過去に数社でのトップマネジメントの経験をもち、年齢は日本人の役員層よりもはるかに若い。

ここで、気になることもある。ある株主報告書の登用理由に、「国際的な大企業の経営者としての豊富な経験と識見をもとに、グローバルな視点を当社取締役会に反映させる」とある。何をもって「グローバル（化）」というのか。この点は実はきわめてあいまいなのである。

「グローバル化（globalization）」を「グローバル経済化」として、経済面だけに等値しても、経済主体のあり方によって、その意味は必ずしも同一・同様ではない。本書でいう小さな企業にとっての「グローバル化」は、あくまでも受動体としてあり方である。むろん、なかには、特殊な技術や技能を応用することで世界的なニッチ市場に対応する小さな巨人――小さなグローバル企業――の存在もある。そうした小さな企業はあくまでも少数派である。多くの場合、グローバル化――海外への工場進出や海外での事業展開――を展開してきたのは大企業や中堅企業、そして一部の中小企業である。

小さな企業の場合、取引先の企業が海外で事業展開し既存の取引が縮小・再編成されることで、グローバル化には逆のベクトルが働き、むしろローカル化――新たな国内地域市場の開拓や既存市場の掘り起こしなど――を迫られてきた。企業城下町型の地域にとって、主要企業の縮小・再編は、地域消費市場を縮小させ、商業やサービス業も多大の影響を被る。この意味では、小さな企業にとって、「グローバル化」とは「ローカル化」をせまるものであった。しかしながら、ローカル化は、小さな企業にとって目新しいことではなかった。これに先立って、国内立地の企業や事業所の再編成が進んだことによるローカル化もあった。グローバル化はさらにこれを加速化させることになった。

高度経済成長期に、農村地域から関東圏、関西圏、中京圏の三大都市圏へ若者層を中心に「民族大移動」のような人口移動が起こった。その後、三大都市圏が過密化し、大企業を中心に地方へ工場の新規立地や再立地が起こり、地域の雇用が創出され、大都市圏への人口流出は抑制された。しかし、再び大都市圏への人口流出が活発化していく。大企業などの地方の工場や事業が海外移転され、雇用規模が縮小したことで、若者層や専門家人材の大都市圏、とりわけ、首都圏への移動が顕著になった。背景に、かつての国内自己完結型の経済システムの変容がある。

生産の場は国内と国外の併用となり、業種によっては国外が主、国内が従となり、「ヒト、モノ、カネ、情報」という経営資源のうち、「カネ」と「情報」だけが日本国内に残る。「情報」に関連する研究開発や市場開拓だけが首都圏に集中し、それにふさわしい人材だけを吸引した。同時並行的に、地方の上位企業も首都圏に中枢管理機能を移転させ、事実上の本社とする傾向が強まった。他方で、首都圏は、膨大な人口＝消費人口をかかえることで、商業やサービス分野ではより低廉な労働力を引き付けた。

グローバル化の下での労働人口の移動は、専門的な人材と低廉な労働力の大都市への移動を促す一方で、中間労働力層にも厳しい影響を及ぼす。この、いわば中抜きの動きは、一つの企業体の中でも進行し、地方に立地していた工場は海外へ、企画、管理、研究開発や市場開拓など知識集約的部門は国内の大都市圏に残り、また、地方の支店や出張所も県庁所在地などの中核都市へ再編成された。結果、地方都市の衰退が進むことになった。その影響を受けたのは小さな企業であった。

前述の大企業の場合、四人の外国籍の社外取締役の出身地は、カナダと米国である。人員構成に、英米に偏した日本の大企業のグローバル観が反映されている。なお、日本人取締役の選任にあたっても、「グローバルな視点」と「国際的な企業経営の経験」の持主であることが大きな理由である。確かに、同社の売上額は、現在では国内と国外が同一の割合を占める。ただし、国外ではアジア向けの比重が最も高い。

その意味では、「グローバル」は、アジアを含む市場への対応ということになる。このことが今後、社外取締役の国籍に反映されるだろうか。また、日本人以外という直截的なとらえ方では、株主構成においても、同社の所有株式数の約四五パーセント——二〇一八年三月末——が外国人の保有である。

日本経済において、株式所有や役員構成でも、世界経済との連動性が高まってきた。今日も昨日と同じような経済活動が、車輪が回転し続けるように進展する。しかし、その内実は必ずしも同じではない。

# 小さな企業の将来論

## 1

小さな企業の将来は、日本の社会構造の変化に今後も連動する。今後予想される大きな変化は、高齢者層の増加である。これからは、「老年学」を取り込んだ経営学が必要不可欠になる。

高齢者には、「シルバー・エージ」などの表現があるが、学術論文などには「サード・エイジ」という用語も登場する。この表現は、人生を四つの時期に分ける年齢区分の一つである。幼児から自立前の若者は「ファースト・エイジ」、自立・結婚・家族形成時は「セカンド・エイジ」である。「サード・エイジ」は、今後「依存」そして「老衰」・「死」を迎える「フォース・エイジ」までの移行期＝引退後の時期であり、家族の扶養やその他の役割から解放された年齢層とされる。

高齢化と同時進行する少子化の時代の下で、「サード・エイジ」とされる年齢層の社会的役割は変わりつつある。現在は医学の発達や生活環境の改善によって、肉体的な衰えの改善が期待され、他方で専門能力などの活動領域が拡大していくことも可能となっている。この年齢層では、病気などによって身体機能の低下があっても、若い年齢層と同様に社会参加意欲や職業継続意欲のある人たちも多い。

単なる暦年齢によって、一律に引退させる社会的規範や社会意識は、高齢社会の下で社会サービスや経済活動を維持するために大きく変わる。人が現在よりも長く働く可能性も高まってくる。老後という時間概念も変わる。

高齢者を社会活動から排除するのではなく、包摂する社会意識は世界的にも高まっている。二〇〇二年に、スペインのマドリードで開催された第二回世界高齢化会議においても、高齢者を社会的資源として活用すべきとする政治宣言が採択された。社会活動や経済活動における年齢概念は、着実に変わりつつある。個人が制度の歯車になるのではなく、退職や引退を自分の判断で決定できれば、各人の年齢規範に対する内面的な意識も変わる。

これまで企業の経営面では、高齢者層のイメージは、組織を硬直化させる「老害」の概念でとらえられた。しかし、そのような意識は、人口増と組織の拡大が軌を一にしていた時期に形成されたものである。今日では、高齢者の精神面や健康面の維持の観点からも、年齢と組織との新たな関係の構築が必要である。やがて、現在の労働力化率の上限対象年齢＝六五歳以下も見直される。

現在の高齢者雇用の状況をみると、大企業では六〇歳半ば以降の役員もいるが、五〇歳代での役職定年もある。一般に、大企業の場合、新規学卒の定期採用と定年制度によって従業員の平均年齢は、中小企業と比較して低くなっている。

他方、中小企業では、大企業などからの退職者の再雇用も多い。概して、中小企業の従業員の平均年齢は高い。小さな企業＝自営業主の場合、七〇歳を超えている現役経営者も多い。

政府は、年金支給年齢の引き上げを強く意識して、七〇歳までの雇用制度の導入を検討している。実現した場合、高齢者雇用の比重が相対的に高い中小企業の経験が、社会的に共有され、働き方の改善にも生かされる必要がある。

高齢者雇用が拡大すれば、高齢化（エイジング）への社会認識も変わるに違いない。高齢化が実りあるもの――たとえば、サクセスフル・エイジングやプロダクティブ・エイジング――となるには、「引退後↓無償のボランティア活動」という流れだけでは不十分だ。「引退↓有償の専門職などへのキャリア・パス」が示される必要がある。退職年齢の引き上げは、一組織内だけでなく、人材を必要とする異なる組織へも影響を及ぼす。高齢者が働くことによって、収入の確保だけではなく、新たな自己実現や健康促進を手に入れるとすれば、新しい高齢化社会像も見えてくる。

高齢者の活動は、移動ポテンシャルの高い若い層のように、地域を超えてというわけにはいかない。健康や家庭環境もあることから、地域内で取り組むことになる。地域内の人材活用の密度が高まることが期待できる。

この点に関しては、東京大学高齢社会総合研究機構の研究者たちは、「高齢者の生きがいと就労」という観点から、『二〇三〇年超高齢未来』で、つぎのように指摘する。

「高齢者が就労することで社会に貢献し、生きがいを見出せるようにする。そんな『生きがい就労』のモデルを、さまざまな形で試していくことが求められています。それらは、ボラバイト（ボランティア＋アルバイト）、フレックス就労、時間貯託（自分が働いた時間を『ポイント』として貯めることができる制度）など、高齢者の特性を活かした形態でつくり出すことが期待されます。

『ＷＩＬＬ』（意志）と『ＳＫＩＬＬ』（技量）を伝え合い、支え合い、認め合い、気持ちをワクワクさせる。そんなふうに、高齢者が無理なく働ける社会をつくりたいものです。……就労は、高齢者の健康管理、一次予防に役立ちます。介護・認知症、ひきこもり、孤独死などの課題解決にも貢献します。高齢者自身が、社会貢献、経営や事業の経験知識の伝承、さらに新産業創生の担い手となって、積極的に社会に関与することができます。元気な高齢者が社会の支え手となり、新たな社会モデルの創造に向けて活躍しだせば、高齢者は個人・企業・社会にとって、かけがえのない存在になります。

そのような社会をつくるために、新しい価値観やイデオロギーの確立が望まれています。……年齢を意識しないエイジフリー社会、互いに認め合い尊重し、それぞれの活力を最大限に活かす『心のバリアフリー時代』をつくることが必要です。……『生きがいと就労』は、人生九〇年時代に高いＱＯＬ（Quality of Life—引用者注）で健康長寿を実現し、多様な生き方を可能とするための重要なテーマです。

社会起業家として夢を追う高齢者や、若者のために就労機会を生み出す高齢者も登場してくるでしょう。社会貢献と就業、事業の両立を図るソーシャルビジネスは、高齢者自身が社会の支え手となる新たな社会モデルの実現の足がかりになるのではないでしょうか。それは価値観のパラダイムであり、社会のイノベーションです。」

日本は、確実に超高齢化社会——七五歳以上の人口比率の上昇——を迎える。そのなかで、高齢者に求められる役割はますます重要となってくる。高齢者が働きやすく、生活しやすいインフラや制度上の整備が必要である。そのためのソーシャル・イノベーションが求められる。

同時に、個人の高齢者に対する意識改革も迫られる。高齢者を一律に弱者や依存者とする規範、暦年齢を基準とする一斉退職制度なども見直す必要がある。高齢者の雇用が普及すれば、日本的な組織風土も、年功序列的な企業文化から能力的なそれへと変化する可能性がある。

そもそも六〇歳定年制は、欧州諸国を中心に導入され、欧州社会の社会的・文化的分脈の下で定着してきた。そのことを考慮すると、日本社会の実情に合わせて、あるいは地域の事情や産業特性に合わせて、より柔軟に対応する必要がある。

日本では、二〇一三年の「高齢者雇用安定法」の改正によって、企業に対して、従業員が希望すれば、その全員に対して六五歳定年を実施することを義務付けた。この制度変更は、二〇二五年以降、年金支給開始年齢が六〇歳から六五歳に引き上げられることに対応する。

なお、現在、英国、カナダ、ニュージーランド、オーストラリアなどかつての英連邦では、概して公式の定年制度はない。米国や日本などでも個別企業では、公式定年制を設けていない企業もある。

金融機関を退職した後に、自ら高齢者雇用を実践してきた中原千明は、『シニア人材という希望』で、「シニア人材は労働者不足にあえぐ日本企業にとって〝一筋の希望〟と言っても過言ではありません」と前置きしたうえで、年金受給者＝高齢者は、単に金銭的動機以上に、社会参加という生きがいのために就労意欲が高いと述べる。そして、高齢者雇用は、企業側にとっては人件費抑制と複数雇用によるワークシェアリングの実践になると、そのメリットをあげる。さらに、「豊富な専門知識と経験を持つシニア人材は、その長所を活かせば若手社員一人分以上の仕事ができる」可能性があることに言及する。

高齢化社会あるいは超高齢化社会が憂鬱一色に描かれる見方を変革していく必要がある。働き方や働く場所のあり方を見直すことで、高齢者のみならず、障害者などの雇用にも新たな見方が広がってくる。

2　企業活動の重心を国外取引に移行させ、多国籍化した企業は別である。地域経済の動向に大きく左右されてきた小さな企業にとって、地域経済の活性化なくして自社の活性化はありえない。

ほとんどの小さな企業は、人口減少によって縮小を余儀なくされた地域経済の影響を受ける。地域経済をどのようにして維持、あるいは、成長させることができるか。自分たちの地域にどのように人材を引きつけることができるか。小さな企業の経営者たちは、そのために、さまざまなイベントなどを実施してきた。

他方で、若者たちはいまも大企業への就職志向が強い。みんなが大企業への就業を強く望む下では、小さな企業は苦戦する。

グローバルな存在となった大企業は、労働市場へも国籍に関わりなくアクセスするようになった。逆にいえば、日本の若者たちもまた、国境に関係なく、労働市場へとアクセスできる。とはいえ、日本の若者は内向き志向である。いまは、かつての時代とは異なり、専門人材——とりわけ、高度専門人材——であれば、欧米系企業であろうと、伸長著しいアジア系企業であろうと、自らの機会費用——賃金——を最大限生かせる場所で働ける。若者の移動ポテンシャル——地域間、企業間、産業間——は高い。実際は残念だが、そうした若者はいまだ少数にとどまる。さらに残念ながら、高齢者の移動ポテンシャルはきわめて低い。

結局、グローバル化といっても、日本経済はまちがいなくローカルな生活によって支えられている。地域社会に依存し、地域社会をどう活性化させるのかが必要な時代となる。そこに小さな企業の豊かな未来もある。若者たちが、目的志向的に小さな企業に興味と関心をもち、小さな企業とともに働き、生活する覚悟と決心をもてば、地域の将来は確実に開ける。

人が腹を据えることで、見えてくる豊かな未来像もあるのだ。既存の小さな企業の経営者たちは、魅力ある企業像へと日々努力を重ねる必要がある。若者はつねに理想像を求めるものなのだから。

現在は、観光客など外からの一時的な滞在者へ期待がかけられすぎている。重要なのは、地域に踏みとどまる生活者としての定住層の役割である。

一時的な滞在者＝観光客の誘致に官民挙げて、宣伝やイベントに熱心な取り組みが行われてきた。東京などのコンサルタント会社や広告代理店から持ち込まれたイベントは、いずれも似たり寄ったりである。そのようなイベントばかりに取り組むだけでは、長期的な展望が拓けるはずもない。補助金頼りのイベントへの取り組みにも疲れがみられる地域は多い。

毎年、観光客をコンスタントに呼び込むには、イベントに、何らかの新鮮さを打ち出す手間ひまが必要だ。そのようなイベントをやり続けるには、熱意に加え、追加費用が必要である。移り気な観光客が新しい何かを求める限り、立ち止まれば初期投資の累積効果は元の木阿弥となる。本格的なイベント継続には補助金頼みではなく、採算のとれるビジネスモデルの確立と実効が前提条件である。

このような前提条件を問い直すことなしに、イベントの規模拡大を目指すだけでは、私たちの生活や働き方の質的向上は難しい。地域経済の活性化に役立つ、等身大で、地味だが活発な事業活動を展開する小さな企業を活用することである。そうした小さな企業が地域内だけでなく地域外の他の企業と緩い連合体をつくれば、新たなビジネスチャンスは生まれてくる。

そうしたビジネスの担い手としては、他の組織で働く事でさまざまなスキルを身に着けてきた高齢者、多様な分野を学ぶ若者層が考えられる。とりわけ、デザインやアートを学ぶ若者は、いままではビジネスとは疎遠であった。彼らは、技能や技術、デザインやアートを単にテクニカルに学ぶだけではなく、生計を立てるために、自分たちの取り組みを「ビジネス化」することも同時に学んでおくことが、これからは重要になる。

芸術系大学でのビジネス教育への取り組みを調査したことがある。残念ながら、現在のところ、日本では、アート専攻の学生たちへのビジネス教育に積極的な学校はきわめて少ない。デザインコース専攻の学生の場合、卒業後、デザイナーとして独立するケースが多い点は注目しておいてよい。今後、まちづくりやイベントなどのコンサルティング・サービス業の分野で、アート専攻の学生の活躍の場が広がる可能性は大いにある。

「デザイン」志向系の小さな企業＝自営業にとって、最初の難関は自分たちの商品やサービスに関心と興味をもつ消費者を見出し、引きつけることにある。自分たちの地域だけではなく、他地域にも自分たちの事業が知られることが肝心である。その際に、営業のための働き手を見つけることは容易ではない。

自らも企画制作会社を営みながら、小さな企業のアドバイザーを務める金谷勉は、「つくり手からはあまりよく思われていない業種」＝問屋の機能の見直しが必要である、と強調する。「市場動向をキャッチして町工場や職人に情報を伝え、売れる商品をつくるといった本来の機能」を持つ、市場動向に敏感な問屋との新たな連携が、ビジネスの鍵を握ることを示唆する。

それと同時に、小さな企業は、外部のデザイナー任せではなく、自らのデザイン力を高める必要がある。「地産地消」だけではなく、他地域にも知られるように、積極的に取り組むべきなのだ。それには、地元を飛び越えた「技術の交配」による連携が、成功の鍵を握る。金谷は『小さな企業が生き残る』で、この点についてつぎのように指摘する。

「産地と産地、異業種と異業種、工場と工場、職人と職人、はたまた工場と職人と、いろいろな連携や掛け合わせから、新たな商品やサービスをつくるビジネスが生まれる。まさに、日本をひとつの工場とみなす『日本製造株式会社』戦略です。これこそが大きな会社に小さな会社が伍していける戦い方だし、町工場や職人にとっての生き残りの手ではないかと考えています。」

ＩＣＴ（Information and Communication Technology）の発達で、「日本製造株式会社」のような構想も技術的には可能になってきた。その実現に重要なのは、リーダーシップをとれる人材が、それぞれの地域において「自給」できるかどうかである。人は場を与えられれば、開花する。とりわけ、若者はそうだ。リーダーたりうる人物は意外といる。探し当てていないだけなのだ。

ＩＣＴの普及で、私たちの社会は、新たにＳＮＳ（Social Networking Service）というツールでつながることになった。他方で、ＳＮＳのもつ暴力的匿名性は社会を分断させる危険性――諸刃の刃――も含んでいる。モラルなきネット社会の到来である。ネット社会のモラルある仕組みを、わたしたちはまだ探し当てていない。

## 悲観主義と楽観主義

１　小さな企業の古い建物が取り壊され、新しい建物に代わっても、当初はその風景を覚えている。だが、時間が経過すると、そこにどのような建物があり、どのような商売が行われていたのか、思い出すことはむずかしい。なにかの折に、たとえば郊外の店に足を延ばすことの不便さを感じたときに、地くのだ。

元で遅くまで営業していた商店のことを思い出す。人は失ってはじめて、失った物や事の重要性に気づくのだ。

民俗学者の宮本常一のいうように、伝統を守るとは、現存するすべての「もの」と「こと」をかたくなに保持し、残すことではない。そこには取捨選択の原則がなければならない。わたしたちは、何を残すべきか。この議論を小さな企業の将来に等値させると、どのような議論が正当化されるのだろうか。

一般に、純粋な経済活動の場合、市場制度の下では企業を取り巻く市場の規模と動向によって、企業の存立状況は決まる。他方、その企業が地域の文化に深く根差した技術・技能を受け継いでいる場合には、市場メカニズムとは別のビジネスの運動性をもつ。また、伝統産業分野でなくとも、事業規模が小さいことで、むしろ大きな企業とは異なるビジネスの運動性を確保できる分野もある。

こうしてみると、ビジネスの将来性には、悲観主義と楽観主義がしばしば交差する。だが、両方の間の壁は思っているほど高いものではない。

フリーのグラフィックデザイナーのデビッド・アイレーは『おカネのための仕事、愛のためのデザイン』（邦訳『デザイナーとして起業した（い）君へ。成功するためのアドバイス』）で「会社は大きければいいというものではない」と強調する。アイレーは、自らのデザイナーとしての軌跡を振り返って、つぎのように指摘する。

「これまでひとりで商売をしてきて、はっきりわかったことは、大きな組織と仕事をするのに大企業の一員である必要はない、ということだ。……会社が大きくなるにつれ、誰が自分の役割を十分に果たしていて、誰が他のモノの足を引っ張っているか、見分けるのがますます難しくなる。……しかし社員ひとりだけの会社なら、尻拭いをしなくてはいけない同僚もいない。君はただ、素晴らしい仕事をするだけ、クオリティの管理については君が完全にコントロールできる。

大きくなることは忘れよう――堅実になる。会社の規模は小さくても、クライアントの期待を上回る結果を出す能力がある、ということを君は明確に示したいはずだ。……小さいとは、機敏で情熱的だということ。大企業は君のもつ俊敏性を持ってはいない。……大勢の従業員に給料を支払うためには、新しい仕事を見つけることに絶えず集中している必要があるので、経営者の情熱に従ってその都度方向転換するのはもっとずっと難しくなる。……覚えておいてほしいのは、ひとたび従業員を雇って君の会社の人数を増やし始めると、自分ひとりだけの会社のほうがやっぱり良かったと思ったとしても、そう簡単に後戻りはできないということだ。」

小さな企業には、小さな企業なりの豊かな未来がある。その未来のためには、重要な黄金律がある。小さな企業だからできるビジネスを展開すること。これである。これに拘れば、小さな企業の経営者は楽観主義者になれる。一般に、楽観主義者は小さなことに拘泥せず、大筋において発展の可能性をいつも探る。社会の変化についても、楽観主義はまずは、それを肯定し、どうすれば適応できるかを常に考え行動する。仮に肯定できない場合には、異なるやり方やアイデアを模索すればよい。

小さな企業は、一人あるいは数人の事業体がほとんどである。そのため、事業の拡張や多角化には、人材面の制約がある。そうであるならば、どのようにして外部人材を活用するのかが、今後の鍵を握る。小さな企業では、小さいなりの工夫と小回りが効く。必要に応じた外部人材の活用は、小さな企業ゆえに大きな推進力となりうる。

現在は、大企業も多様な雇用形態を採用し、非正規雇用者と正規雇用者のハイブリッド的な組み合わせが一般的となってきた。大企業のプロジェクトでも、二〇人を優に超えるような取り組みユニット——内部の事業体——は少ない。ただ、プロジェクト数が多いことで、企業は規模としては大きく外部者には映るものだ。

広範な産業分野で多様なビジネスが進展してきた米国の事情をみると、多様な事業形態が存在する。具体的には、人材派遣（temporary staffing）のほかに、職業紹介、企業の総務・人事・経理・営業（コールセンター）などビジネスプロセスのアウトソーシング、給与計算や採用人事などの人事業務のアウトソーシング、福利厚生や医療保険などの業務委託がある。これらの事業を国内だけでなく、世界各地で展開する。人材派遣については、一般事務職だけではなく、派遣先産業に応じた高度専門職などの派遣サービスを行うようになってきている。この種の人材派遣業については、地域の人材需要に細かく対応する小さな企業も広範に存在する。人材派遣業が多くの国で成長していることは、人びとの働き方もまた大きく変わることを示唆している。

## 2

わたしたちの将来には、高齢化社会さらには超高齢化社会が待っている。一体、どのような社会が到来するのだろうか。社会の将来を悲観的にとらえるのか。楽観視しておいてよいものなのか。この種の議論は日本のみならず、高齢者人口の比重が高まってきた諸国では、ほぼ共通して展開する。

松山美保子は、一九七〇年代にすでに、高齢化社会での働き方に取り組む必要性を説いた。六五歳以上＝高齢者とする現行定義では、一九七〇年にすでに日本は高齢化社会となっていた。松山は『産業ジェロントロジー』（一九七六年）で当時の風潮にふれ、「わが国における高齢化社会の到来は、一般には、『それがまもなくやってくる』というように未来形で語られてきた。しかし、国連の目から見ると、我が国はとっくの昔に高齢国家の仲間入りをしていたのである」と指摘した。それからすでに三〇年以上が経過した。松山が引用した人口統計からみた高齢化率の推移などは、予想通りであった。人口統計による推計精度の高さを認識せざるをえない。

欧州諸国の高齢化比率は、一九七〇年の時点で日本より高かった。だが、その後、日本は短期間に高齢化率を高めた。現在では、欧州諸国以上に高齢化社会となりつつある。この間に、日本国民は高齢化社会に備えてきたのであろうか。松山は、前著において、日本社会の「高齢観」は「いたずらにきわめて暗く、限りなくじめじめしたもの」であり、「高齢者をすべて『弱者』として一律的にとらえがちであった」とみた。その傾向はその後変わったのかと問われれば、どうであろうか。

松山は、若い移民国家としての印象が強い米国で発展してきた「産業ジェロントロジー」の経緯について、定年制が想定した暦年齢と機能年齢との差異が存在したことについての素朴な疑問があったとみる。高齢者自身にも、「高齢者」とみなされることへの大きなストレスや被差別感があったと指摘する。たしかに、暦年齢と能力年齢が必ずしも一致するとは限らない。年齢を重ねても、働く意欲と能力が衰えない人たちも存在する。

それを象徴するのが、ボストン郊外にあるヴァイタニードル社で働く高齢者たちである。欧州のジャーナリストや、米国の文化人類学者ケイトリン・リンチは、この高齢者工場に大きな関心を寄せてきた。注射針を製造する、この小さな企業は、四〇名ほどの従業員の半数以上が七五歳以上の後期高齢者であった。九〇歳代の従業員も三名働いていた。年齢的には、一九歳から九九歳の従業員たちが注射針などの製造に関わる。

同社で働く高齢者の背景や就労動機はさまざまだが、そこには金銭的な動機だけではない「社会や経済活動への高い」貢献意識がある。また、責任意識——休めば他の従業員の作業にも影響を及ぼす——からくる、健康維持への強いインセンティブもある。

今日の日本では、一方で人手不足、他方で少子高齢化の問題が喫緊の政策課題である。この解決を握る社会層は若者世代だけではなく、いわゆる高齢者層でもある。このことへ気づきが少ない。考えれば、高齢者という物言いも、果たして適切な表現であるのかどうか。このことも同時に問われる。

前述のケイトリン・リンチは、ヴァイタニードル社を研究のフィールドの場とし、自ら参与観察者として働いた経験をもつ、彼女は、『ライン上の退職―米国工場での年齢、仕事そして価値観―』（邦訳『高齢者が働くということ―従業員の二人に一人が七四歳以上の成長企業が教える可能性―』）で、ヴァイタニードル社での高齢者就業の意義について、つぎのように指摘する。

「今日では多くの学者が、引退について理解しようと研究している。引退にはどんな意味があるのか、人生の三分の一にも及びうるその後の時間をどう過ごせばよいのかといった問題に取り組んでいる。私がこの原稿を書いている二〇一一年現在、各国の政策や医療機関、投資会社をはじめとする多くの団体が、世界的な人口の高齢化と経済の縮小が国家や雇用主にどんな圧力をもたらしているか、これを緩和するにはどんな方法が考えられるかといった問題に重点的に取り組んでいる。……心理学者は以前から、引退後の人生は辛いものだと考えてきた。『役割なき役割』を与えられる時期だからだというのが理由だ。……アメリカの製造業は、コスト削減の圧力に耐えかねて国外に生産拠点を移していったが、ヴァイタニードルのオーナー一族はこの圧力に対し、高齢者を雇用する『エルダーソーシング』という解決策を講じているように見える。」

ヴァイタニードル社の取り組み――エルダーソーシング――は、リンチのような文化人類学者のみならず経営学者も、これからの超高齢化社会での就労のあり方を考える上で、注目すべき事例である。この事例を、どの国でも、どの産業でも応用可能な事業モデルへと昇華させることは、現実には難しい。そうだとしても、この事例はわたしたちに大いなる楽観主義をもたらしてくれる。

## 3

わたしたちにとって、高齢化、より正確には超高齢化社会の到来は避けられない。老いも若き――単に暦年齢だけでは割り切れないが――も、楽しく生き生きと暮らせる社会の構築を目指すしかない。それこそが成熟社会と呼ぶにふさわしいものである。

二〇〇〇年代に入り、超高齢化社会への進行を裏付ける報告書やデータの発表が相次いだ。厚生労働省から発表された、全国の「認知症」患者数――推計値――は、五〇〇万人に手が届く状況にある。アルツハイマー型認知症は比較的若い人たちにも発症するが、一般的には、認知症の発症率は、七五歳以上になると高まり、その割合はおよそ七人に一人という。今後、画期的な医薬品などの発明がない限り、認知症の発症率は、さらに高まることが予想される。

認知症問題に取り組んできたジャーナリストの徳田雄人は、『認知症フレンドリー社会』で、「認知症というと、病院に行くと薬がでて、病状が改善するというようなイメージを持つ人も少なくないと思います。しかし実際には、……薬を飲んだり、訓練をおこなうだけで、ATMでお金がおろせないといった生活上の課題が解決するということは、ほぼありません。医療やケアなどのサービスを受けながら、生活上で起こってくる課題を、周りの人と相談しながら、工夫を重ねて、ひとつひとつ解決していかないといけないというのが、認知症の人を取り巻くリアルな状況」と、現状を紹介する。そして、徳田は、社会全体で取り組む社会システムの構築――「認知症フレンドリー」社会――の必要性を、つぎのように説く。

「認知症の人の困りごとを含め、どのような状況であっても、普通に暮らすために社会の側のデザインを変えていく必要があるというのがフレンドリー社会の考え方です。……認知症フレンドリー社会では、自治体や企業が、当事者や家族といっしょになって、課題を掘り下げ、解決策を考えていきます。」

一口に認知症を支える社会システムといっても、画一的なシステムは存在しえない。地域差、個人差、認識差——人々の認知症への理解度——があるからだ。小さな地域では対応可能でも、大都市では困難なことも多い。

これまでの高齢者対策といえば、介護サービスや財源問題だけが強調されてきた。今後、認知症に対するきめ細かい支援サービスは、地域の小さな企業の得意とする事業分野になりうる。

小さな企業の新たな存立分野は、たとえば、高齢化社会への対応のなかにもあるのではないだろうか。一例として、郊外へクルマを利用して買い物に行くのではなく、生活の質（Quality of Life）を考え、健康維持のためにも、歩いて買い物に行けるシステムの構築はできないだろうか。さらに、ヴァイタニードル社のような長く快適に働くことのできる職場環境をもつ企業が増えないだろうか。そうしたことが当たり前となる経済社会こそ成熟社会ではないだろうか。

そのためには、小さな企業が果たす役割は実に大きいのである。その役割こそが、小さな企業の新たな物語になっていく。そうした小さな企業どうしのつながり、さらには小さな企業と大きな企業のつながりが大きな物語をつくっていく社会こそ、成熟社会の未来像であり、もうひとつのエコシステムなのである。

# 終章　悲観主義と楽観主義

（企業の）今後の発展は、すべて社会が決定してくれるのです。どこまで拡張するかといわれると、これは分からないという答えしか出せません。

（松下幸之助、昭和二九（一九五四）年）

## 1

本書では、主に小さな企業を取り上げ、終章に差しかかった。ここで、小さな企業の将来展望にふれておくべきだろう。

「小さな」とは、英語では「スモール（Small）」である。語感では、サイズの「小ささ」を表わす。しかし、言葉は使われる文脈のなかで生きている。スモールは、ほかにもいくつもの意味を持つ。たとえば、「さして重要ではない」、「ささいな」、「取るに足りない」、「つまらない」、「つつましい」、「ささやかな」、「狭量な」、「心の狭い」、「けちな」などである。「小さな」とは、さして重要でもなく、ささいで、つまらなく、取るにたらないことなのだろうか。英米人が、ビジネスにスモールを冠した「スモール・ビジネス」という言葉を聞いたときに、どのような語感をもつのだろうか。「つまらない、取るに足りない」というイメージが先行するのだろうか。

いうまでもないが、「スモール」は「ビッグ（big）」と対語である。英米人、とりわけ、米国人の会話のなかの「ビッグ」は、規模の「大きさ」以外に、「成功」、「大した」、「目立つ」、「大げさな」などの意味が込められている。「スモール」に比べて意気軒高のイメージである。

米国人などがスモール・ビジネスに言及するときに、なにかしらビッグ・ビジネスとの比較が意識される。すこし穿った見方をすると、スモールの語感の先には、「スモールよりも、ビッグになりたい」という潜在的意識がある。野球でも、マイナー・チーム（選手数が多いので、スモール・チームとはいわない）に対して、メジャー・チーム（一軍チーム）を「ビッグ・クラブ」と呼ぶのは、その反映だろう。

日本で、スモール・ビジネスに等値される言葉に「中小企業」がある。「中小」という言葉にスモールと同様の語感が入り込んでいるかは別である。すくなくとも、「大」企業に対するある種の社会的序列観がある。では、本書で取り上げた小さな企業は、どうであろうか。

米国では「リトル（little）・ビジネス」などの言葉も研究者によって用いられるが、スモールで済まされることも多い。小さな企業が自営業（the self-employed）と等値されることも多々ある。欧州諸国では、「マイクロ（micro）・ビジネス」あたりが使われる。日本にも、マイクロ・ビジネスの物言いが輸入されたが、普及したとまではいえない。マイクロの語源は、ギリシア語の「ミクロス」に由来する。スモールと同義で、ビッグ（ラージ）との対語である。スモールと区別して、スモールより小さな規模を示すために、便宜的に使われたのだろう。

日本でマイクロ・ビジネスが使われ始めたことには、それまでの小規模企業や自営業とは異なる存立基盤をもつ小さな企業に、積極的な意味をもたせたい政策意図が見え隠れする。経済官庁や政策金融機関の思惑だろう。それまでの小規模企業は社会的弱者、市場経済制度の下での非効率的な存在、やがて消え去る存在などとみられたからだろう。

マイクロ・ビジネスには、小さな事業単位であるがゆえに、経営者の専門性、感性、マネジメント能力が経営面へただちに反映されるイメージがある。また、既存組織の持つ官僚主義とは異なり、個人が自由に能力やアイデアを発揮できる場とみなされる。「大組織歯車論」に対する「生き甲斐論」が付随したりする。

小さな企業を「小規模企業」や「自営業」と呼ぼうと、「マイクロ・ビジネス」と呼ぼうと、こうした事業体のほとんどは、地域経済の現状と密接に関係して存立してきた。なかには、全国市場や世界市場に連動するかたちで、一品生産に近いモノづくりや特殊な技術サービスなどを行っているところもある。しかし、それらはあくまでもごく少数にとどまる。

現在、問題視されるのは、そうした小さな巨人のような事業体の動向ではない。ごく普通の小さな企業の数が確実に減少してきたことである。いまのところ廃業傾向が止まらない。小さな企業の存立問題は承継問題として論じられ、対策が模索される。

すべての国で小さな企業が減少しているわけではない。欧州諸国のなかには、かつての植民地からの移民による小さな事業——移民ビジネス——が増加している国もある。逆に、手工業者の減少で、小さな企業が漸減している国もある。それぞれの国の経済社会的な事情が反映する。とはいえ、底流には大きな世界史的変化がある。

かつての時代より、越境的経済活動を大規模に展開する超巨大企業が存在している。そうしたグローバル化の動きは、他方でローカルな磁場を引きつける。

ほとんどの人は、従来通り、ローカルな場で働いている。しかしながら、その働き方は、明らかにグローバルな経済活動の影響下に置かれる。超巨大企業や巨大企業の空間的制約や時間差を克服した諸活動は、ハードとソフトの両面におけるネット技術——情報通信技術——の凄まじい進展と普及に支えられている。ローカルに生きるわたしたちは、「グローバル化」と「ネット技術」の意味をきちんと理解しておく必要がある。

グローバル化とは、一般に国家という政治的枠組みをこえた経済活動、つまり、経済活動の越境性を指し示す。ただし、グローバル化を、大きな企業からとらえるのか、小さな企業からとらえるのかにより、見える景色は異なる。大きな企業にとって、グローバルな活動は、越境することによってもっとも収益の高い経済空間を選択することである。この場合の資本には、国籍があるわけではない(*)。

＊資本の性質は、本質的にその越境性にある。資本の概念については、つぎの拙著を参照。寺岡寛『資本と時間—資本論を読みなおす—』信山社(二〇〇七年)。

大きな企業は、市場シェアの確保と拡大をつねに目指す。市場シェアはその製品やサービスの競争力に規定される。競争力は製品に組み込まれる部品コストの総体としての価格競争力である。現在、それは世界最適調達を意味する。世界中からもっとも価格競争力のある部品を集めて、もっとも安価に組み上げる地域で完成品にする。このビジネスモデルを、どの大きな企業も選択する。しかし、このことは、どの企業の製品にも同じサプライヤーの部品が組み込まれていることを示唆する。

結果、真の競争力は非価格競争力にある、ということになる。アッセンブラーとしての大きな企業は、映画のプロデューサーのように、世界中から最優秀な人材を集めて、コンセプトとプロットづくり——実現計画——に集中すればよい。それは、まさにハリウッド映画のような作り方である。製造業というよりは、モノづくりのプロデューサーといった方が、より実態に近い。

こうした取引関係では、これまでのピラミッド型の階層制を示す一次下請、二次下請、三次下請などの表現が使われなくなった。現在では、従来の下請取引関係に代わって、サプライ・チェーンが、一次下請や二次下請に代わって、ティア・ワンやティア・ツーという表現が使われるようになった。なぜ、使われるようになったのか。背景には、それまでの国内自己完結的な生産体制が、世界最適調達という枠組みのなかで変容してきたことがある。

日本では下請関係の研究は長い歴史をもつ。当初、欧米諸国で学んだ学者の卵たちは日本に帰って現状分析をやっていた。彼らは、欧米流の単純な独占理論で大企業の成長と中小企業の停滞・衰退を論じたが、それには抜け落ちる部分が多かった。(*) 日本では、家内工業など小さな企業が強い残存性を示した。大きな企業と小さな企業が同時並行的に発展し、下請取引関係という大きな企業と小さな企業の共生関係を生んだ。しかしながら、小さな企業は小さな事業規模にとどまり、そこから成長する事業体は決して多いとはいえなかった。

＊この点に関してはつぎの拙著を参照。寺岡寛『通史・日本経済学―経済民俗学の試み―』信山社（二〇〇五年）。

下請関係は、基本的には、大きな企業による小さな企業の収奪であった。これはマルクス流の独占理論に影響を受けた人たちの物言いである。新古典派的な表現――市場経済論――では、下請関係は、買い手独占あるいは買い手寡占の下で、小さな企業の価格交渉力の弱さが表出したものである。

この種の下請関係が持続したのは、経済規模そのものが拡大したことで、一方的な収奪関係の厳しさが景気後退期に緩和されたからだ。この関係は、概してゆるやかな厳しさの下で再生産され続けた。

しかし、グローバル化で、取引関係が国外に拡大し、空間的競争関係が大きく広がった。現在、日本の小さな企業は、海外の中小企業や小さな企業とも競争する時代に生きている。結果、これまでの取引関係において、見えづらかった収奪関係が見え始めた。

では、小さな企業は、どう対応すべきか。理論的には、自らも国内の大きな企業との取引に拘らず、グローバルな取引先を見つけ、発展させ、維持すればよい。問題は、小さな企業にそのような対応ができるのか、という点にある。

グローバル化の動きには、日米関係や日中関係など、国際政治の影響も大きい。小さな企業も、ローカルな活動をしているだけでは対応が困難である。外国の小さな企業との協働関係の構築も必要となった。

もちろん、小さな企業の技術が、世界的な大きな企業に生かされることもあり得る。それは、小さな企業にとって、ビジネス・チャンスである。その場合、まずは、国内の誰と組むのかという点が、今後の成否を握る。

今後の成否ということでは、情報通信技術の活用が鍵を握る。情報通信技術は、個別技術面でのイノベーションであるばかりではない。社会的イノベーションとして、それまでの社会や経済の仕組みを大きく変え、人びとの時間や空間的に対する意識も変えた。これが、小さな企業にとって、苦難となる場合もあるが、同時に、世界への入り口にもなる。イノベーションは、既存組織の階層分化を推し進め、その過程で、小さな企業が新たに生まれることもあれば、消え去ることもある。

小さな企業の未来をめぐっては、いまもむかしもそれなりに悲観論——ペシミズム——もあれば、楽観論——オプティミズム——もある。消え去る運命論が悲観論であれば、新たなビジネス・チャンス論は楽観論となる。ペシミズムの語源はラテン語で、「最悪」を意味する「ペシミスムス」、オプティミズムは同様に「最善」の「オプティムス」である。

アイルランドの作家オスカー・ワイルド（一八五四〜一九〇〇）は、かつて、楽観主義者と悲観主義者の違いを、前者はドーナッツを見て喜び、後者はその穴をみて悲しむと評した。大事なのはドーナッツ＝事象の本質をまずは探ることにある。

## 2　小さな企業の将来展望の根本問題は、小さな企業の内部的なマネジメントというよりは、その存立の場としての地域経済＝市場問題の動向にある。

地域によっては、人口減少がもたらす地域市場の縮小に歯止めがかからない。そうしたなかで、小さな企業と地域経済が互恵的に発展する関係が大きく崩れた。その喪失＝ミッシング・リンクを、どう再生させるか。この点はきわめて重要なのだ。

残念ながら、そうした地域では、代を重ねた企業でも、次世代へと承継できるような展望は見えてこない。とりわけ、伝統産業や地場産業においては、地域内分業を担ってきた小さな企業が歯抜けのように廃業する。従来のサプライ・チェーンで重要な役割を果たしてきた小さな企業の廃業は、チェーン全体の切断につながる。

事業承継は、親族内の跡継ぎがなければ、他者による承継が焦眉の急となる。承継する要素としては、

「マネジメント―経営ノウハウ―」、「資産―取引関係や商権など社会関係資本も含む―」、「技術・技能」がある。このうち、何を対象にするかによって承継の形も変わる。

事業承継には、すべてを対象にする「一括承継」と一部を対象とする「分割承継」がある。一括承継には、親族の外に、他者（社）への売却――合併を含む――がある。その場合、他者とは他企業のほか、従業員もある。日本の場合には、従業員による承継＝マネジメント・バイアウト（ＭＢＯ）はさほど多くはない。米国の場合には、ファンド系投資会社が一括承継＝買収したあと、資産だけの売却益を意識し転売することもある。

一括承継が困難な場合、分割承継が現実的である。サプライ・チェーンの継続を強く意識する加工組立産業の場合、技術・技能の承継が重視される。長期間をかけて職人や作業員に身体化された技能は大事である。そうした技能者を雇用し、同時に若い作業者へノウハウの伝授を現場作業を通じて行うことが強く意識される。それなら、技能者だけの移籍もある。今後は、分割承継的な買収か、人材の移籍か、さまざまなやり方が模索されるだろう。

小さな企業の今後は、市場経済制度の下で適者生存則に委ねればよいとする、市場万能主義者の意見もある。市場経済において必要とされる存在なら、それなりに市場を見出し、残存するという見方である。しかしながら、小さな企業の存在は、地域社会においては経済的なものだけではない。

小さな企業は、地域社会の見えないさまざまなサービスの提供者でもある。この種のコミュニティ・

サービスは、地域防犯から清掃まで幅広い。小さな企業が地域社会から消え去ることは、行政がその種のサービスを代行することになる。その経済負担は、地方財政に跳ね返ることになろう。また、小さな企業には文化的な側面もある。伝統産業や地場産業の場合、地域の観光資源としての役割、あるいは地域社会の祭礼・行事の担い手としての役割もある。ある意味、地域の文化政策の推進役でもある。

小さな企業は、地域の経済、社会、文化がその事業体のなかに、混在する存在である。これまで、小さな企業への振興策がいろいろと実施されてきた。所期の政策目的が達成されなかった事例も多い。その多くは、小さな企業を一面だけでとらえた結果であった。

政府の画一的な政策を参考にしつつも、自分たちの工夫と知恵を入れ込んだ地域政策が必要なのである。たとえば、人口減少による縮小経済体制の下で、どの自治体も人口増を意図した政策の実施に熱心に取り組んできた。しかしながら、人口増を狙った住宅政策などは、しばしば、近隣地域の人口減を意図せずに引き起こした。この功罪については、多くの都市計画家がすでに指摘している。

観光政策についても、地道に地域の観光資源を掘り起こすことなしに、一過性のイベントへの取り組みばかりがみられる。行き当たりばったりのイベント開催で、観光客を奪い合うような個別対応は、近隣窮乏化政策となっている。この種の補助金頼みのイベントには、別段、特許など模倣抑制のパテントがあるわけではないので、そのため、安易な模倣を呼び起こす。重要なのは、イベントをやるにしても、他地域との補完関係や相乗効果を呼び起こす工夫が重要である。

企業数が減少しているといっても、地域内においては、小さな企業はそれでも数は多い。存立分野も存立業態も多様である。多種多様で分散化する事業体は、個別ケースの特徴を踏まえた「公助」の対象にはなりにくい。公助といった場合、補助金や公的な低利融資などを思い浮かべがちである。これには財政的な制約もある。必然、個別の経営を改善する自助努力と、小さな企業が相互に協力する「共(互)助」を意識すべきなのだ。

3　注視すべきは、小さな企業と大きな企業の間にある情報格差である。そこには、情報の非対称性の問題と課題がつねにある。人も企業も正しい情報を与えられてはじめて、正しい対応への模索が行われる。情報の非対称性こそ、小さな企業にとって解決すべき大きな課題である。

途上国の貧困問題について、フィールドベースで取り組んできた開発経済学者のバナジーとデュフロは、『貧困経済学―グローバルな貧困と戦うやり方をラディカルに考え直す―』(邦訳『貧乏人の経済学―もういちど貧困問題を根っこから考える―』)で、小口融資――マイクロ・ファイナンス――の重要性と必要性に共鳴する。しかし、金融面の対応だけでは、限界があり、政治や社会面での解決すべき課題も多いとする。

そして、貧困の根本的背景を探るなかで、貧困層がなかなか貧困状況から脱出できない原因の一つとして、「情報へのアクセスが限られる」実態を紹介する。貧困層は、情報入手のための選択肢が限られる。このことを小さな企業に置き換えて考えると、小さな企業には、情報収集における協同＝協働＝共助が必要なのではあるまいか。

他方で、小さな企業の担い手の多様化がある。かつては、小さな企業といえば、町工場、商店（商店街）や理美容などのサービス業であった。いずれも「地域密着」型、「家族経営」型、「住工商混在」型を特徴とした。その後、コンビニエンス・ストアで代表される「フランチャイズ」型が新たな自営業の一角を占める。そうしたなかからも、「拡大地域」型、「企業経営」型、「住工商分離」型の小さな企業が出てきている。彼らはそれまでの事業主よりも、企業家意識の強いグループでもある。

また、高齢化社会の進展に呼応するかたちで、鍼灸、整体、医院、歯科医院、トレーナー、リハビリテーションの分野が拡大した。さらに、デザイナー、弁護士、司法書士、行政書士、中小企業診断士などコンサルタント業、税理士、会計士などの事務所も増えた。これらも小さな企業といってよい。これらは、「専門職」型、「資格取得」型、「広域」型の職種になる。「フリーランス」型や「副業（パラレル・ワーカー）」型も、このなかに含まれる。

小さな企業の担い手が多様化すれば、共助のかたちも多様化する。小さな企業の共助のためのネットワークには、既存の小さな企業を対象とするメンバーシップ型組織がある。すなわち、商工会議所や商工会、中小企業組合団体などである。加えて現在では、ＮＰＯ組織など従来の枠組みを超えた組織形態もある。

小さな企業が地域の雇用や納税に果たす成長ポテンシャルは、今後、どうなるであろうか。ポテンシャルを高めるには、人材確保や資金調達力といった面も大事であるが、小さな企業の事業家としての意識が関係する。どの国や地域であっても、この点は共通する。

先のバナジーとデュフロは、いわゆる貧困国の「資本なき」資本家＝貧困層のなかに起業家精神あふれる人たちを見出している。しかし、彼らの多くは小さな成功を収めても、「大半は、従業員や大した資産をもつようになるまで決して成長しない」とその観察結果を紹介する。背景に小事業者間の激しい競争があるからだ。要するに、小企業が資本蓄積ができるまでに、規模を拡大できない実態がある。

バナジーたちは、子供たちに自営業者になるよりも、別の安定した選択肢を望む親世代の願いを紹介する。彼らはいう。「貧乏人のありがちな夢というのは、子供に公務員になって欲しいというものなのです」と。この公務員のなかには、教師や看護師なども含まれる。要するに、親たちは給与の多寡以前に、子供たちに未来をある程度描くことのできる毎月の安定した収入を期待する。バナジーたちは、「貧乏な人は起業家になるというのを夢だとは思っていない」とも指摘する。この指摘は、昭和三〇年代に大阪府下の町工場の従業員たちや事業主に対して、自分の息子や娘に「将来どのような職業に就いてもらいたいか」を聞いた実態調査結果と、見事なまでに符合する(＊)。

＊詳細は寺岡寛『中小企業の社会学―もうひとつの日本社会論―』信山社（二〇〇二年）を参照。

起業家を生みだすのは、不完全就業者や失業者のプールかもしれない。換言すれば、不安定な雇用状況であれば、自らを雇う小さな事業へ踏み出した方がよいという意識と行動が生まれる可能性もある。そこに起業への高いポテンシャルがある。

バナジーたちは、小さな事業＝ささやかな蓄財だけに、決して満足しない人たちが一定数いることを指摘する。彼らは、ささやかな蓄財より、多少とも利益がでれば、その再投資を優先する意識をもった人たちであり、事業成長へ強いこだわりをもつ。同時にそのために借金のリスクを背負う覚悟をもつ。バナジーたちは、そのような意識をもつ人たちに起業家としての素質と起業家精神を見出す。

わたしも、いままでの中小企業調査からみて、この結論を概ね支持したい。既存企業への帰属による安定志向が強い社会意識の下では、自ら起業家となる人は必ずしも多くはない。ただし、求職活動が困難になれば、人は小規模事業によって糊口をしのぐ。それは当然の合理的行動の範囲である。ただし、そこから、さまざまなリスクを背負って、さらなる成長を目指すかどうかは、その人の資質によるところが大きい。

大企業といえども、最初の段階には創業者がいて、その小さな事業が成長して大きくなった。最初は、みんな小さかったのである。こうした、小さな企業が大きく成長する大きな物語は、人を勇気づけ、社会を活性化する。こうした物語は、政策や制度によって生み出されるものだろうか。

はっきり言えることは、地域経済活性化のためには見える支援だけでなく、見えない支援を行ってくれる人たちの存在が必要なことである。地域経済の活性化に関わってきた米国人のマイケル・シューマンは、『地域経済解決論』で、地域におけるそのような役割を担う人たちを「受粉者」（pollinator）と名づける。

シューマンは、民間における「受粉者」たちが、ハチが花から花へと飛びまわり受粉させて花を咲かせるように、新たに小さな企業（microenterprise）を始めようとする起業家たちに、さまざまな実践的アドバイス——受粉——を積極的に与えることが重要なのだ、と自らの実践経験を踏まえて指摘する。そして、地域での起業が盛んであることが、地域経済問題の解決の鍵であることを強調する。

シューマンは、地域雇用に積極的な役割を果たすのは、自営業者など小さな企業であることを強調する。「もっとも急成長部門の一つは自営業を選ぶ米国人（Americans choosing self-employment）である。二六〇〇万人の米国人が国の八八％の企業の経営にあたっている。また、スタートアップ企業の規模はより小さくなっている。一九九〇年には平均七・六人、二〇一一年には四・七人となっている。米国の小企業運動（microenterprise movement）のリーダーであるハイディ・ピックマンとクラウディア・ヴィエクによれば、外部投資の三パーセントにすぎないのに、小企業（microbusinesses）はベンチャー資本の投資を受けた企業より二六〇パーセント、そのような企業よりもＧＤＰの約七七パーセントを生み出しているのだ」と指摘する（*Michael Schuman, The Local Economy Solution: How Innovative, Self-Financing "Pollinator" Enterprises Can Grow Jobs and Prosperity*, Chelsea Green Publishing, 2015）。

ちなみに、シューマンは、地域経済振興上の重要な鍵をＰで始まるつぎの六つの概念に集約させる。

①Planning（計画的取り組み）――地域ニーズに合致するような新規あるいは既存のビジネスの拡張とは何であるのかを、都市計画家や経営者たちに明らかにすること、②Purchasing（購買）――地域内購買の割合を高めて新規あるいは既存の事業を手助けすること、③People（人びと）――新たな地域ビジネスのために若い世代の企業家や起業家を鍛えること、④Partnership（協力関係）――地域の企業家たちが協力して地域の競争力を向上させること、⑤Purse（資金）――地域の投資家が新規あるいは既存の企業に投資すること、⑥Public Policy（政策）――法律、制度など地域経済発展のための方策。

シューマンは、起業家たちへアドバイスする際に、つぎの四点に気を配ることを心がけるべきとする。

①　地域の雇用促進に結びつくかどうか。
②　地域に起業意欲をもつ若者たちを引きつけることにつながるのかどうか。
③　地域で起業した小さな企業の生き残る可能性を拡大させるのかどうか。
④　地域社会の改善につながる地域ビジネスの増加につながるのかどうか。

これ等の点は、日本についても大いに参考になる。地域の「小さな企業の大きな物語」の登場に、自分もささやかながらかかわりたい。あるいは、応援したいと思う人や組織が、地域に増えることが重要なのである。その歩みが、やがて地域の大きなモーメントとなる。

なにごとも、少しずつ――スモール・ステップ――歩を進めることに真実がある。そのような「エコシステム」の構築こそが、わたしたちの未来をゆっくりと切り拓くことになる。

# あとがき

どんなに小さな本にも、著者の人生の歩みが反映される。企業は人なり。それ以上に、著作は人なりである。小さな企業の物語を扱ったこの小著もまたそうである。わたしの人となりが、反映されていることだろう。

自らが意図したわけではないが、わたしは、結果として産官学を横断する人生を歩んできた。産から官へ移ったのは、もう四〇年以上前のことであった。東京で化学会社に働いていたわたしは、家庭の事情――いまでいえば、介護離職――で郷里へ戻った。恩師の助言で地方自治体の経済研究所で働き始め、そこで地場産業や中小企業の調査に従事することになった。中小企業調査や地場産業調査に一七年間ほど従事した。偶然以外のなにものでもなかった。そこで農業や社会福祉のことを担当していれば、わたしには違った人生の歩みがあったはずだ。

わたしは、大学院で中小企業研究のキャリアを歩んだわけではない。毎日が発見と事実の解釈において、右往左往の日々であった。その過程での忘れえない人たちとの邂逅を振り返れば、幸運以外の何ものでもなかった。

研究所の上司の依頼で、ミャンマーからの留学生――本国ではすでに講師（会計学）であった――を世話したことがあった。大阪府下の農村工業から地場産業へと発展した事例の分析を手伝った。彼女の帰国後、アジア農業研究の専門家から丁重な礼状が届いた。彼は、彼女の留学の保証人であった。手紙には、上京する機会があれば、ぜひお立ち寄りくださいと記されていた。

怖いもの知らずの若さで、好奇心の旺盛なわたしは彼を東京に訪ねた。東アジア地域の灌漑問題の著名な専門家は、二時間あまり、地域研究のあり方について熱心に語ってくれた。専門分野を優先して、つまみ食い的に比較対象地域をころころと変えてはならない。そのような研究は、最後にはどっちつかずになる。彼は警鐘を鳴らしてくれた。

まずは、対象地域の言語をしっかり学習すること。できれば、読み、書きは当然ながら、会話も自由になること。その後に、あるいは同時に、その地域の社会、経済、政治などを謙虚に学ぶこと。さらにできれば、その国でのフィールド調査を通して感性を磨くこと。そうすることで、日本からではなく、対象とする地域から分析する勘所が得られる、と。わたしは、米国中小企業研究と、その後のフィンランド中小企業研究で、この原則を愚直にできるだけ守った。わたしの中小企業研究人生で、最初の幸運な邂逅は、このミャンマー人留学生とアジア農業の専門家であった。

次なる邂逅は、このアジア農業の専門家に紹介された経済史家である。ぜひ会うようにとの助言を受けた。わたしは早速手紙を書き、会うことの許諾を得た。当日、彼は午後一杯の時間を使ってくれた。話の内容は地方産業の歴史的発展と政策との関連性であった。後日、こちらが恐縮するほど丁重な礼状をいただいた。そこにおよそつぎのような文章があった。「中小企業の研究者といえば、普通の学問をやるにはいささか気力不足の人たちであるという印象が強かった。でもあなたは違った……」。

地場産業調査などに取り組んで、まだ数年ほどのとるに足らないわたしの知識や知見など、たかが知れていただろう。どう「違った」のか。「違った」とすれば、たまたま話に出た京都などの地場産業の歴史に、多少とも詳しかったことである。これもまた偶然であったろう。これが他地域であれば、話はまた異なったはずである。以後、私は自分の研究において、単なる現状分析に満足せず、歴史的なアプローチを強く意識してきた。

その後、わたしの出身校の大学院生グループから、学部卒業生のなかに中小企業の実態調査に従事している人物——つまり、わたしである——がいるということで、一度、その実態を話すよう依頼された。不十分な出来のレジュメを用意して臨んだ。出席者は理論経済学、財政学、社会政策などの研究者で中小企業の専門家はいなかった。そこで、わたしは容赦のない手厳しい批判を受けた。

批判の中核は、実態はそうであろうが、分析用語があいまいであり、その点をクリアーしなければ、中小企業研究が学問へと昇華することなど困難だ、という指摘であった。さらに、そのうちの一人からは、「中小企業」という言葉を用いるだけで、中小企業研究になるのではないか、との批判を受けた。これはかなり手厳しく的確な指摘だった。考えてみれば、中小企業のことを語る人たちは、学問分野に関わりなく多い。概念のないところには、言葉だけが容易に入り込む。以後、わたしは、「中小企業」

の本質的な概念を大切にしてきた。これが、三つめの邂逅であった。

四つめは、私と同様に地方自治体にあって、丁重な実態調査を続けた友人たちとの邂逅である。哲学や歴史にも造詣が深い彼らは、既存の世俗的な用語ではなく、自分自身の調査から紡ぎ出した分析用語にこだわった。わたしは彼らの指摘を重く受け止め、中小企業を分析する際の分析用語に注目した。経済学や経営学だけではなく、むしろ経済社会学からのアプローチを重視し、経済社会学的な用語に拘泥した。小さな企業については、その社会的文脈への問いかけなくして、分析の視点など安易に定まるものではない。この点も大切にしてきた。

五つめの邂逅は、人びとの集合体としての地域との出会いである。はじめは、様々な産業が多彩に展開してきた大阪を中心に、わたしは産業調査を続けた。その後、縁あって愛知県の大学へと移った。愛知県は、工業品出荷額が何兆円もの規模に達する都市が県内にいくつもある土地柄である。特定自動車メーカーの退職者や出向者たちが、県下のあらゆる組織に働く。まるで毛細血管のようにして広がった人的ネットワークが展開する。それは外部者でなければ気づかないほどに、自然風土化している。愛知の大学で職を得たことは、わたしにとって、そのような土地柄を観察できる貴重な機会となった。その期間が、いまでは四半世紀を過ぎ、大阪での観察期間よりも長くなった。このような土地柄から、果たしてイノベーションが生起するのか。わたしの大きな研究テーマとなった。

六つめは日本中小企業学会などの研究者組織での、個々の研究者たちとの出会いである。時代とともに、研究動向は変遷してきた。その下で、個々の研究者のアプローチやテーマに共鳴したり、反発や疑問を抱いたりしてきた。疑問があるから、共鳴もする。共鳴するから、その細部にこだわることで疑問も湧く。こうした過程で、他分野の研究者からも多くを学んだ。

七つめの邂逅は、わたしが、中小企業調査で接した経営者やそこで働く人たちである。この種の調査は、現在はインタビュー調査などと呼ばれ、かつては、ヒアリング調査といわれた。この言い方は、実に味がある。それは、個別経営者の事業展開の歴史と現状に「耳を傾ける」ことである。そこで聞けるのは、その人のライフヒストリーである。そのような話を聞きつつ、時に横道に逸れたインタビューへと移ることも多かった。わたしは、そうした経験談をなんとか文章化してきた。そこには多くの小さな企業の経営者の生の声が反映されているはずだ。

最後に挙げるのは、霞が関での政策審議会の下部委員会への参加であり、そこで意見を交換した人たちとの出会いである。そこで、わたしは、あらためて、多様な意見の大切さや異なった見方や視点の重要性を知ることになった。研究者としては、この種の会合への参加は、きわめて遅咲きの方であろうと思う。ドイツの医師で作家のゴッドフリート・ベン（一八八六〜一九五六）の「遅きに到り、遅きにこれを為し、遅きにこれを祝う」ではないが、わたしの過去の知見や知識などの再確認には、刺激的な機会となった。

こうした八つほどの偶然の出会いは、それぞれに掛け合わされた。振り返ってみれば、中小企業研究は、わたしにとって必然となっていった。中小企業研究は日本社会の分析方法であり、日本社会の構造分析の想像力をかきたててくれる。ロシアの詩人の言葉に、「社会は私にとって偉大な大学であった」というのがある。多くの中小零細規模企業の現場とその担い手の織りなす社会こそが、わたしにとって偉大な大学(院)であったろう。

信山社の渡辺左近氏には、編集者として、あるいは、最初の読者として貴重な意見をいつもいただいた。渡辺氏との邂逅もわたしにとって大事であった。もっとも幸運な出会いであった。最初の著作は、中小企業調査を始めてから一〇年ほど経ったころだ。考えてみれば、渡辺氏との付き合いもそれから三〇年ちかくになる。渡辺氏との対話と会話を通じて、いつもながら、自分なりの視点を確認できた。感謝以外の言葉など見つかるはずもない。月並みだが、心よりお礼を申し上げたい。

二〇一九年五月

寺岡 寛

# 参考文献

## 日本語文献

【あ】

アイリー、デビッド（小竹由加里訳）『デザイナーとして起業した（い）君へ。成功するためのアドバイス』ビー・エヌ・エス新社、二〇一三年
アセモグル、ダロン・ロビンソン、ジャイムズ（鬼澤忍訳）『国家はなぜ衰退するのか―権力・繁栄・貧困の起源―』早川書房、二〇一六年
一般社団法人プロフェッショナル&パラレルキャリア・フリーランス協会編『フリーランス&〝副業〟で働く！　完全ガイド』日本経済新聞社、二〇一八年
上田惣子『マンガ自営業の老後』文響社、二〇一七年
内田樹編『人口減少社会の未来学』文藝春秋、二〇一八年
エイジング総合研究センター編『大転換期日本の人口事情―少子高齢社会の過去・現在・将来―』中央法規、二〇一四年
枝廣淳子『地元経済を創りなおす―分析・診断・対策―』岩波書店、二〇一八年
NHKスペシャル取材班『縮小ニッポンの衝撃』講談社、二〇一七年

大石吉成『親子経営ダメでしょうもめてちゃ―親子だから経営力が高まる本当のこと―』セルバ出版、二〇一六年
大阪府立商工経済研究所『デフレ下の金属機械小工業の実態―衛星都市布施を中心として―』一九五五年
―『中小企業の実態的研究』（非売品）一九六〇年
―『小零細工業の合理化の実態―特に、投下資本の生産性、資金繰りと金利負担の分析―』一九六四年
―『小零細工業の実態―その一・磨棒鋼製造業における小規模事業所の存立形態を中心に―』一九六四年
―『小零細工業の実態―その五・自動車工業の下請企業―』一九六四年
―『小零細工業の実態―その六・機械・金属工業―』一九六四年
―『小零細商業の実態―その一・パン小売業―』一九六四年
―『小零細工業の業種別実態―丸編メリヤス・横編メリヤス・くつ下製造業―』一九七三年
―『大阪府下中小企業の就業、雇用構造に関する調査（二）』一九八五年
大澤真幸『不可能性の時代』岩波書店、二〇〇八年
大月敏雄『町を住みこなす―超高齢社会の居場所づくり―』岩波書店、二〇一七年
翁百合・西沢和彦・山田久・湯元健治『北欧モデル―何が政策イノベーションを生み出すのか―』日本経済新聞社、二〇一二年
小熊英二編『平成史』（増補新版）河出書房新社、二〇一四年
小田実『「問題」としての人生』講談社、一九八四年

［か］

垣内俊哉『バリアバリュー―障害を価値に変える―』新潮社、二〇一六年

加瀬和俊『失業と救済の近代史』吉川弘文館、二〇一一年
金谷勉『小さな企業が生き残る』日経BP社、二〇一七年
北野弘久『納税者の権利』岩波書店、一九八一年
木下律子『王国の妻たち—企業城下町にて—』径書房、一九八三年
桐畑哲也『日本の大学発ベンチャー—転換点を迎えた産官学のイノベーション—』京都大学学術出版会、二〇一〇年
久保田章市『百年企業、生き残るヒント』角川書店、二〇一〇年
小関智弘『町工場の磁界〈増補新装版〉』現代書館、一九九七年
—『町工場巡礼の旅』現代書館、二〇〇一年

[さ]

崎山みゆき（長田久雄監修）『シニア人材マネジメントの教科書—老年学による新アプローチ—』日本経済新聞社、二〇一五年
桜井厚『ライフストーリー論』弘文堂、二〇一二年
柴田博・長田久雄・杉澤秀博編『老年学要論—老いを理解する—』建帛社、二〇〇七年
（財）商工総合研究所編『図説・日本の中小企業』（各年版）
—『中小企業を強くする連携・組織活動』二〇一七年
（社）中小企業研究センター編『働きやすい、辞められない！—高齢化社会と中小企業—』同友館、二〇〇五年
シューマン、マイケル（毛愛敏浩他訳）『スモールマート革命—持続可能な地域経済活性化への挑戦—』明石書店、二〇一三年

シュワルツ、バリー（瑞穂のりこ訳）『なぜ選ぶたびに後悔するのか―「選択の自由」の落し穴―』武田ランダムハウスジャパン、二〇〇四年
白波瀬佐和子『少子高齢化社会のみえない格差―ジェンダー・世代・階層のゆくえ―』東京大学出版会、二〇〇五年
清家篤編『金融ジェロントロジー―「健康寿命」と「資産寿命」をいかに伸ばすか―』東洋経済新報社、二〇一七年
―『高齢者の働き方』ミネルヴァ書房、二〇〇九年
菅山真次『「就社」社会の誕生―ホワイトカラーからブルーカラーへ―』名古屋大学出版会、二〇一一年

【た】

高田保馬『社会学概論』（高田保馬『社会学セレクション』3）ミネルヴァ書房、二〇〇三年
高田亮爾『現代中小企業の動態分析―理論・実証・政策―』ミネルヴァ書房、二〇一二年
武知京三『近代日本と地域産業―東大阪の産業集積と主要企業群像―』税務経理協会、一九九八年
千野信浩『できる会社の社是・社訓』新潮社、二〇〇七年
鄭賢淑『日本の自営業層―階層的独自性の形成と変容―』東京大学出版会、二〇〇二年
帝国データーバンク・中村宏之『地元の力を活かす「ご当地企業」―ビックデータで読み解く四七都道府県―』中央公論新社、二〇一八年
東京大学高齢社会総合研究機構『二〇三〇年超高齢未来』東洋経済新報社、二〇一〇年
徳田雄人『認知症フレンドリー社会』岩波書店、二〇一八年

【な】

中島隆信『新版・障害者の経済学』東洋経済新報社、二〇一八年
中根千枝『タテ社会の人間関係―単一社会の理論―』講談社、一九六七年
中原千明『シニア人材という希望』幻冬舎、二〇一七年
中村秀一郎・秋谷重男・清成忠男・山崎充・坂東輝夫『現代中小企業史』日本経済新聞社、一九八一年
西口敏宏・辻田素子『コミュニティ・キャピタル論―近江商人、温州企業、トヨタ、長期繁栄の秘密―』光文社、二〇一七年
野澤千絵『老いる家　崩れる街―住宅過剰社会の末路―』講談社、二〇一六年

[は]

橋本寿朗編『日本企業システムの戦後史』東京大学出版会、一九九六年
バナジー、アビジット・デュフロ、エスター（山形浩生訳）『貧乏人の経済学―もういちど貧困問題を根っこから考える―』みすず書房、二〇一二年
濱口惠俊『日本型信頼社会の復権』東洋経済新報社、一九九六年
原みどり『若年労働力の構造と雇用問題―人材資源活用の視点から―』創成社、二〇一〇年
ＰＨＰ総合研究所研究本部編『キーワードで読む松下幸之助ハンドブック』ＰＨＰ研究所、一九九九年
桧山敦『超高齢社会二・〇―クラウド時代の働き方革命―』平凡社、二〇一七年
平川克美『二一世紀の楕円幻想論―その日暮しの哲学―』ミシマ社、二〇一八年
ブイエン、アネミック・ファン・ダールハウゼン、ヤープ・ザイルストラ、イェレ・スコール、ロース・ファンデル（石原薫訳）『デザイン思考の教科書―欧州トップスクールが教えるイノベーションの技術―』日経ＢＰ社、二〇一五年

藤井聡『クルマを捨ててこそ地方は蘇る』ＰＨＰ研究所、二〇一七年
藤田綾子『超高齢社会は高齢者が支える―年齢差別を超えて創造的老いへ―』大阪大学出版会、二〇〇七年
藤本隆宏・柴田孝編『ものづくり成長戦略―「産・金・学・官」の地域連携が日本を変える―』光文社、二〇一三年
プレジデント経営企画研究会編『*Why Digital Matters?*』プレジデント社、二〇一八年
ベイカン、ジョエル（酒井泰介訳）『ザ・コーポレーション―わたしたちの社会は「企業」に支配されている―』早川書房、二〇〇四年
細内信孝『コミュニティ・ビジネス』中央大学出版会、一九九九年

［ま］

松山美保子『産業ジェロントロジー』日本経営出版会、一九七六年
水野朝夫『日本の失業行動』中央大学出版会、一九九二年
見田村元宣・内海正人『フリーランスの教科書』星海社、二〇一二年
三戸公『「家」としての日本社会』有斐閣、一九九四年
ミルズ、C・ライト（伊奈正人・中村好孝訳）『社会学的想像力』筑摩書房、二〇一七年
諸富徹『人口減少時代の都市―成熟型のまちづくりへ―』中央公論新社、二〇一八年

［や］

山崎憲『「働くこと」を問い直す』岩波書店、二〇一四年
山本貢『中小企業組合の再生―組織活性化の理論と実践―』中央経済社、二〇〇三年

［ら］

リクルートワークス研究所編『米国の人材ビジネス』リクルートワークス研究所、二〇一八年

リンチ、ケイトリン（平野誠一訳）『高齢者が働くということ―従業員の二人に一人が七四歳以上の成長企業が教える可能性―』ダイヤモンド社、二〇一四年

［わ］

若林靖永・樋口恵子編『二〇五〇年超高齢社会のコミュニティ構想』岩波書店、二〇一五年

## 英語文献

Doulas, Clifford, Hugh, *Economic Democracy*（original 1920）, Bloomfield Books, 1974.

Schwarz, Barry, *The Paradox of Choices : Why More is Less*, Ecco. 2004.

Shulender, Brent・Tetzeli, Rick, *Becoming Steve Jobs : How a Reckless Upstrat Became a Visionary Leader*, Hodder & Stoughton, 2016.

Shuman, H. Michael, *The Small-Mart Revolution : How local Businesses Are Beating the Global Competition*, Beett-Koehler Publishers, Inc., 2006.

―*The Local Economy Solution ; How Innovative, Self-Financing "Pollinator" Enterprise Can Grow Jobs and Prosperity*, Chelea Green, Publishing, 2015.

# 事項索引

## 【あ行】



## 【か行】

## 【さ行】

## 【た行】

## 【な行】

## 【は行】

## 【ま行】

【著者紹介】
寺 岡　寛（てらおか・ひろし）

1951年神戸市生まれ
中京大学経営学部教授，経済学博士（京都大学）

〈主著〉
『アメリカの中小企業政策』信山社（1990年），『アメリカ中小企業論』信山社（1994年，増補版，1997年），『中小企業論』（共著）八千代出版（1996年），『日本の中小企業政策』有斐閣（1997年），『日本型中小企業』信山社（1998年），『日本経済の歩みとかたち』信山社（1999年），『中小企業政策の日本的構図』有斐閣（2000年），『中小企業と政策構想』信山社（2001年），『日本の政策構想』信山社（2002年），『中小企業の社会学』信山社（2002年），『スモールビジネスの経営学』信山社（2003年），『中小企業政策論』信山社（2003年），『企業と政策』（共著）ミネルヴァ書房（2003年），『アメリカ経済論』（共著）ミネルヴァ書房（2004年），『通史日本経済学』信山社（2004年），『中小企業の政策学』信山社（2005年），『比較経済社会学』信山社（2006年），『起業教育論』信山社（2007年），『スモールビジネスの技術学』信山社（2007年），『逆説の経営学』税務経理協会（2007年），『資本と時間』信山社（2007年），『経営学の逆説』税務経理協会（2008年），『近代日本の自画像』信山社（2009年），『学歴の経済社会学』信山社（2009年），『指導者論』税務経理協会（2010年），『アレンタウン物語』税務経理協会（2010年），『市場経済の多様化と経営学』（共著）ミネルヴァ書房（2010年），『アジアと日本』信山社（2010年），『イノベーションの経済社会学』税務経理協会（2011年），『巨大組織の寿命』信山社（2011年），『タワーの時代』信山社（2011年），『経営学講義』税務経理協会（2012年），『瀬戸内造船業の攻防史』信山社（2012年），『恐慌型経済の時代』信山社（2013年），『田中角栄の政策構想』信山社（2013年），『地域文化経済論』同文舘（2014年），『福島後の日本経済論』同文舘（2015年），『強者論と弱者論』信山社（2015年），『地域経済社会学』同文舘（2016年），『社歌の研究』同文舘（2017年），『ストック文化経済論』信山社（2017年），『中小企業の経営社会学』信山社（2018年），『ソディの貨幣制度改革論』信山社（2018年）

小さな企業の大きな物語―もうひとつのエコシステム論―

2019年（令和元年）5月15日　第1版第1刷発行

著　者　寺　岡　　寛
発行者　今　井　　貴
　　　　渡　辺　左　近
発行者　信山社出版株式会社

〒113-0033　東京都文京区本郷 6-2-9-102
電　話　03（3818）1019
ＦＡＸ　03（3818）0344

Printed in Japan



印刷・製本／亜細亜印刷・渋谷文泉閣

ISBN978-4-7972-2790-1　C3333